왜
조선 시대에는
양반과 노비가
있었을까?

교과서 속 역사 이야기, 법정에 서다

40
역사공화국
한국사법정

왜 억울해 vs 나양반
조선 시대에는
양반과 노비가
있었을까?

글 손경희 | 그림 이주한

|주|자음과모음

조선은 TV 드라마를 통해 우리에게 익숙하지만 그때를 살았던 보통 사람들의 이야기는 잘 알려져 있지 않습니다. TV 드라마는 주로 정치적인 문제나 왕에 관한 이야기를 다룹니다. 그 덕분에 조선 왕조의 역사에 대한 이해는 높아졌지만 당시 일반 서민들이 어떻게 살았는지에 대해서는 알려진 사실들이 많지 않습니다.

조선은 519년이나 유지되었습니다. 어떤 사회나 조직이 500년 이상 유지된다는 것은 그만큼 장점이 많다는 뜻입니다. 조선의 가장 큰 장점은 기록 문화입니다. 개인부터 관료, 왕에 이르기까지 수많은 사람이 그들의 일과를 하루도 빼먹지 않고 기록했습니다. 조선 사회를 경영했던 핵심 내용은 『조선왕조실록』에 고스란히 실려 있습니다. 최고 권력자였던 왕의 행동도 모두 기록되기 때문에 왕은 자신의 행동에 책임을 져야 했습니다.

또 다른 기록의 대표 주자는 양반이었습니다. 양반들은 다섯 살 무렵에 글을 배우기 시작한 뒤부터 끊임없이 읽고 썼습니다. 당시 양반들이 남긴 기록들을 통해 조선 사회를 이해할 수 있습니다. 양반은 단순히 취미로 글을 읽지는 않았습니다. 양반들은 과거 시험에 합격하여 관료가 되어야만 자신의 목소리를 지속적으로 낼 수 있었습니다. 그러나 과거 시험에 합격하기란 참으로 어려웠습니다. 조선 시대를 통틀어서 과거 합격자는 모두 1만 5,000여 명에 불과합니다. 양반들은 자신의 가문에서 과거 합격자를 배출하기 위해 모든 에너지를 쏟아 부어야 했습니다.

양반들은 농사일 같은 경제 활동을 직접 하지는 않았습니다. 대부분의 일은 노비들을 통해 해결했습니다. 노비들은 태어나는 순간부터 노비가 되었습니다. 노비들은 양반들을 위해 온갖 궂은일을 해야 했습니다. 왜냐하면 그들은 신분제 사회에서 가장 천한 신분이었기 때문입니다.

조선 시기 신분제는 양천제로, 모든 백성을 크게 양인과 천인으로 나눈 제도입니다. 양인은 다시 양반·중인·평민으로 구분합니다. 그중 조선의 최고 신분인 양반은 백성의 기본 의무인 세금도 내지 않았고, 군대도 가지 않았습니다. 즉, 양반은 아무 의무도 없이 권리만 있었습니다. 천인은 노비와 광대·백정·기생·사당·악공·무격(무당과 박수) 등이었습니다. 천인인 노비는 사람이 아니고 물건으로 취급되어 매매·증여·상속이 가능했습니다.

대부분의 노비들은 양반들에게 속해 있었습니다. 그런 이유로 양반들은 끊임없이 노비의 수를 늘리려 했습니다. 반대로 노비들은 사람답게 살기 위해 발버둥쳤습니다. 그러나 노비들의 고통은 쉽게 끝나지 않았습니다. 1894년 갑오개혁에 이르러서야 신분 제도가 폐지되면서 노비는 사람으로 대접받기 시작합니다.

원고인 억울해는 말합니다. 신분을 떠나 누구나 사람답게 살 수 있는 세상이 되어야 한다고 말입니다. 양반들은 경제 활동은 하지 않고, 먹고 놀면서 큰소리만 칩니다.

사람은 누구나 권리와 의무를 같이 져야 합니다. 누구든지 권리가 많으면 의무도 많아야 합니다. 양반도 백성의 일원이므로 백성의 의무를 져야 한다고 주장합니다.

나양반은 역사법정에 호소합니다. 양반은 사회 지도층으로서 그에 걸맞은 도덕적 책무를 지고 끊임없이 자신을 갈고 닦아야 했다고 주장합니다. 학식과 도덕성을 갖춘 양반들이 조선을 이끌었기 때문에 조선이 500년간 유지될 수 있었다고 말이지요. 이런 양반의 막중한 책임과 고통도 모르면서 돈으로 양반의 족보를 사들이거나 위조하여 허울뿐인 양반이 된 사람들이 점점 많아지면서 조선 사회가 병들고 쇠퇴했다고 말합니다.

여러분들은 억울해가 나양반을 상대로 소송한 사건을 통해 조선 후기 신분제 변동을 이해하게 될 것입니다. 또한 조선을 지탱했던 힘에 대해 생각할 수 있을 것입니다.

나양반은 여전히 자신의 노비였던 억울해를 무시하거나 함부로 대할 수 있을까요? 억울해는 노비라는 과거의 굴레에서 벗어나 자유롭게 살아갈 수 있을까요? 억울해의 소송에 대해 여러분이 판결을 내려 주시기 바랍니다.

손경희

차례

책머리에 | 4

교과서에는 | 10

연표 | 12

등장인물 | 14

프롤로그 | 18

미리 알아두기 | 22

소장 | 24

재판 첫째 날 억울해는 어떻게 노비가 됐을까?

1. 양반과 노비는 어떻게 다를까? | 28

열려라, 지식 창고_조선 시대의 노비 | 52

2. 억울해는 왜 노비가 됐을까? | 53

3. 노비의 생활은 어땠을까? | 64

휴정 인터뷰 | 71

재판 둘째 날 양반은 왜 과거 시험에 몰두했을까?

1. 노비는 왜 글을 몰랐을까? | 76
2. 과거 시험에는 누가 응시했을까? | 86
열려라, 지식 창고_조선 시대의 과거 시험 | 93
3. 양반은 왜 관료가 되려고 했을까? | 95
휴정 인터뷰 | 107
역사 유물 돋보기_양반의 상징, 갓 | 110

재판 셋째 날 족보가 가진 의미는 무엇인가?

1. 족보는 단순한 집안의 기록인가? | 114
2. 호적에는 누가 실렸나? | 122
열려라, 지식 창고_가문의 역사책, 족보 | 135
휴정 인터뷰 | 136

최후 진술 | 139
판결문 | 144
에필로그 | 146
떠나자, 체험 탐방! | 150
한 걸음 더! 역사 논술 | 152
찾아보기 | 155

조선에서는 관리가 되려면 원칙적으로 과거 시험을 거쳐야 했다. 천민을 제외하고는 누구나 과거 응시가 가능했으며 과거는 3년마다 실시하였다. 과거는 문관을 뽑는 문과, 무관을 뽑는 무과, 기술관을 뽑는 잡과가 있었다. 이중 문과에는 주로 양반이 응시했다.

중학교

역사

V. 조선의 성립과 발전
  1. 조선의 건국과 통치 체제의 정비
     (3) 조선의 통치 제도

음서와 천거를 통해서도 관리가 될 수 있었다. 음서의 대상은 3품 이상 관리의 자손 등으로 제한되어 있었다. 이를 보면 고려 시대에 비해 기문보다 개인의 능력이 중시되었음을 알 수 있다.

노비는 공노비와 사노비로 구분되었는데, 사노비는 솔거 노비와 외거 노비로 다시 구분되었다. 이 중 외거 노비는 개인 재산을 소유할 수 있었다.

| 고등학교 | 한국사 | Ⅱ. 고려와 조선의 성립과 발전
2. 유교 정치의 이상을 꽃피운 조선
   (1) 민본 이념을 구현하기 위한 통치 체제를
      갖추다 |

조선은 법제상 자유민인 양인과 부자유민인 천인으로 신분을 나눴다. 양인에는 양반, 중인, 상민 등이 포함되었고, 양반은 군역을 면제받는 등의 특혜를 누리기도 하였다. 중인은 기술직이나, 향리, 서리직에 한정되었고, 상민의 대부분은 농민이 차지했다. 천인 중 대부분을 차지했던 노비는 재산으로 취급되었으며 매매, 상속, 증여의 대상이 되었다.

1725년 　 탕평책 실시

1750년 　 균역법 실시

1776년 　 정조 즉위 ---------------

1786년 　 서학을 금함

1801년 　 신유박해, 공노비 해방

1811년 　 홍경래의 난

1860년 　 최제우, 동학 창시

1862년 　 농민 봉기

1894년 　 갑오개혁, 신분제 폐지

1688년   영국, 명예 혁명 ------

1689년   영국, 권리 장전 발표

1762년   루소, 민약론 발표

1765년   와트, 증기 기관 완성 ------

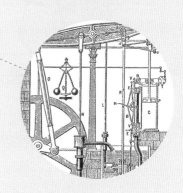

1776년   미국, 독립 선언

1789년   프랑스 혁명, 인권 선언

1840년   아편 전쟁(~1842)

1848년   프랑스, 2월 혁명

1861년   미국, 남북 전쟁(~1865) ------

1863년   링컨, 노예 해방 선언

원고 억울해

나, 억울해는 나양반의 노비로 살았습니다. 나는 죽을 힘을 다해 열심히 일을 하여 상당한 돈을 모았습니다. 그래서 형편이 나빠진 나양반에게 돈을 주고 양인이 되었고, 이후 양반 족보를 사들여 양반이 되었지요.

원고 측 변호사 김딴지

나, 김딴지 변호사는 역사에 대한 해박한 지식을 가지고 있으며 잘못된 역사를 바로잡는 데 혼신의 힘을 쏟는 변호사입니다.

원고 측 증인 쇠똥이 (가상의 인물)

나는 원고 억울해와 같이 나양반 집에서 일한 노비입니다. 매일 나무를 하거나 농사일을 했습니다. 나는 공부를 한 적이 없어서 글을 전혀 읽을 줄 모릅니다.

원고 측 증인 **박지원**

나는 조선 후기 대표적인 실학자로『허생전』,『양반전』등을 쓴 작가로 더 유명합니다. 내가『양반전』을 쓴 이유는 사회가 점점 달라져 기존의 신분제 자체가 허물어지는 사정을 보여 드리고 싶었기 때문입니다.

원고 측 증인 **정조**

나는 조선의 제22대 왕입니다. 나는 조선의 르네상스를 만들어 냈던 왕으로 백성을 매우 아끼고 사랑했습니다. 가장 신분이 낮았던 천인들에게도 관심을 가져 집권 시기 공노비를 해방시키는 큰 업적을 만들어 냈습니다.

판사 **정역사**

나는 역사공화국의 공명정대한 판사, 정역사입니다. 내가 할 일은 오직 역사의 진실을 밝히고, 억울한 영혼들의 한을 풀어 주는 것이지요.

피고 **나양반**

나, 나양반은 양반으로 태어나 체계적으로 공부
했습니다. 다만 운이 나빠 과거 시험에 합격하지
못하여 집안을 어렵게 만들었습니다. 지금은 어
이없게도 내가 부리던 노비에게 소송을 당한 입
장이 되었지요.

피고 측 변호사 **이대로**

역사공화국에서 명변호사로 널리 알려진 이대로
입니다. 이번 재판을 통해 양반의 위엄과 품위가
어디에서부터 나오는지, 그것들을 지키기 위해
양반들이 어떤 노력을 해야 했는지 밝혀 드리겠
습니다.

나는 나양반 집의 노비로 바느질을 하고 음식을 만들었습니다. 오랫동안 일을 하여 집안에서 일어난 일 중 모르는 것이 없지요.

나는 조선의 역관 출신으로 양반 족보를 사려는 사람들을 위해 족보를 위조하여 크게 돈벌이를 했습니다. 역사공화국에서도 가짜 족보 전문가라는 전력을 살려 족보를 만드는 출판사를 운영하고 있습니다.

나는 조선에 성리학을 정착시킨 대학자인 퇴계 이황입니다. 나는 관료로 활동하기보다 주로 고향인 안동에서 책을 쓰거나 제자를 길러 냈어요. 아무리 세상이 바뀌었어도 양반 집안의 후손들은 모두 체통을 지키며 살아야 합니다.

"나는 정당하게 양인이 되었습니다"

여기는 과거의 역사 속 영혼들이 모여 사는 역사공화국. 김딴지 변호사는 오늘도 최고의 변호사가 되리라고 다짐하며 스스로에게 주문을 외우고 있다.

'우리나라에서 최고로 치는 법률사무소인 김&장 로펌에서 스카우트 제의를 할 정도로 노력해야지. 누구든지 사건만 의뢰해 준다면 이길 자신이 있다고! 젊고 패기 넘치는 나, 오직 진실만을 변호하는 김딴지 변호사, 파이팅!'

하지만 몇 달째 찾아오는 손님이 한 명도 없었다. 세상이 자신처럼 뛰어난 인재를 몰라보는 게 속상하기도 하지만 다시 힘을 내어 내일은 신문에 광고도 내고, 거리로 나가 홍보도 해야겠다고 생각했다. 그때 전화벨이 울렸다. 김딴지 변호사는 급하게 전화기를 들었다.

"네, 여기는 친절한 김딴지 변호사 사무실입니다. 무엇을 도와드릴까요?"

수화기 너머로 아주 작은 목소리가 들려왔다.

"지금 찾아가도 되나요?"

김딴지 변호사는 드디어 사건 의뢰가 들어오는구나 싶어 뛸 듯이 기뻤으나 애써 침착함을 가장하며 말했다.

"언제라도 괜찮습니다."

약속한 시간보다 조금 더 늦은 시간에 한 남자가 사무실에 들어섰다. 조금 전 전화 목소리로 상상하던 것과는 달리 키도 크고, 얼굴도 잘생긴 사내였다. 그러나 왠지 불안한 기색이 역력했다.

"나는 억울해라고 합니다. 사실 나는 원래 노비였습니다. 뼈가 녹아내리도록 열심히 일하여 양반의 족보를 사들였죠. 그런데 얼마 전 돈을 받고 나를 노비에서 해방시켜 준 나양반이 내가 도망 노비라고 주장하고 다니는 겁니다."

김딴지 변호사는 순간 멈칫했다. 하필 신분제 사회인 조선 시대의 주인과 노비 간의 소송을 맡다니 앞으로의 험난한 길이 눈앞에 보이는 것 같았다. 세상이 달라졌다고는 해도 조상의 신분이나 자신의 출신은 아직까지 민감한 사안인 데다가 노비에 대한 자료도 부족하여 노비의 편에 서서 변론한다는 것이 어렵기 때문이었다.

억울해는 눈물을 쏟아냈다. 이미 몇 군데 변호사 사무실을 들렀지만 모두들 고개를 저으며 사건 맡기를 꺼렸던 터였다. 김딴지 변호사는 한참 고민 끝에 결정을 내렸다.

"사건을 맡겠습니다. 이미 시대가 변했는데 어쩌겠습니까. 게다가 당신은 노비 문서를 강탈한 것도 아니고 정당하게 돈을 주고 양인이 되지 않았습니까."

김딴지 변호사가 억울해 사건을 맡았다는 이야기는 순식간에 모든 변호사들에게 퍼졌다. 곧바로 나양반의 변호를 맡은 이대로 변호사가 김딴지 변호사에게 전화를 걸어 왔다.

"김 변호사, 무슨 생각으로 이 사건을 맡은 겁니까? 양반 족보 매매는 나라에서도 금했던 일입니다."

"억울해도 사연이 있는 것 같습니다. 사건을 좀 더 조사해 보고 억울함을 풀어 주려고 합니다."

"어떻게 노비가 양반이 될 수 있습니까? 이것은 분명 공문서 위조입니다."

김딴지 변호사는 이대로 변호사에게 이런 전화까지 받고 나니 점점 더 이 소송이 부담스러워졌다. 그러나 그보다 왜 억울해가 굳이 양반이 되려고 했는지 궁금했다. 조선의 가장 낮은 신분이었던 천민 억울해가 과연 돈만 있다고 해서 조선 사회의 틀을 흔들 수 있었을까. 그 진실을 밝혀야만 역사의 흐름을 좀 더 알 수 있을 것 같았다.

조선 시대 양반으로 산다는 건?
노비로 산다는 건?

TV 드라마 중 조선 시대를 배경으로 하는 사극을 보면 가마나 말을 타고 편하게 가는 사람이 있는가 하면, 그 옆에서 종종걸음을 치면서 짐을 잔뜩 들고 가는 사람이 있습니다. 이 두 사람은 왜 이렇게 차이가 났던 걸까요? 그건 바로 이 두사람의 신분이 달랐기 때문입니다. 신분이란 태어날 때부터 정해져 있는 개인의 사회적인 위치를 말하는데, 조선 시대까지만 해도 타고난 신분이 있어 이것을 마음대로 바꾸기에는 많은 힘이 들었습니다.

조선 시대 신분은 기본적으로 양인과 천인으로 구분됩니다. 그리고 양인은 양반, 중인, 상민으로 나뉘지요. 양반이라 함은 글을 익히는 것을 주로 하는 문반과 무예를 쓰는 것을 주로 하는 무반을 가리키는 말입니다. 그리고 향리나 서얼 등이 중인의 신분이었고, 농민이나 상인이 상민에 해당했습니다. 그리고 조선 시대 신분 중 가장 낮은 천인은 노비, 백정, 무당, 광대 등이 속한 신분이었지요.

조선 시대에는 양반을 다른 말로 '사족'이라고도 불렀는데, 사족이란 고위 문무 관원을 배출하는 가문과 그 구성원을 일컫는 말이었습니다. 양반은 일생 동안 유교 경전을 공부했고, 과거를 통해 관리가 되는 것을 목표로 삼았지요. 양반은 여러 특권이 있었고, 먹는 것, 입는 것, 사는 곳 모두 다른 신분과는 사뭇 달랐습니다.

반면 천인에 속하는 '노비'는 남자 종 '노(奴)'와 여자 종 '비(婢)'를 함께 부르는 말로, 주인(주로 양반)의 판단에 따라 사고팔 수 있는 존재였습니다. 한마디로 노비는 주인의 재산이었던 것이지요. 따라서 주인의 말에 따를 수밖에 없었고 주인이 시키는 대로 할 수밖에 없었답니다.

조선시대 양반들은 예와 의를 중요하게 여기며 집에서 쉴 때도 품위를 잃지 않으려고 노력했습니다.

| 원고 | 억울해 | 대리인 | 김딴지 변호사 |
| 피고 | 나양반 | 대리인 | 이대로 변호사 |

청구 내용

나 억울해는 노비라는 이유로 나양반을 위해 온갖 궂은일을 다 하였습니다. 나양반의 재산을 불려 주기 위해 토지를 경작하기도 하고, 농사일을 감독하기도 하고, 땔감을 마련하기도 하고, 곡식을 좋은 값에 팔기 위해 먼 지방까지 다니기도 했습니다.

사람들은 조선이 양반에 의해서만 움직이는 사회였던 것처럼 생각하지만 사실은 그렇지 않습니다. 중인, 평민, 천인 등이 음지에서 열심히 일했기 때문에 유지될 수 있었습니다. 특히 양반의 체면을 유지하기 위해 나와 같은 노비들이 온갖 궂은일을 하지 않았더라면 양반은 신분을 유지할 수 없었을 것입니다. 그런데도 불구하고 노비에 대해 제대로 말하는 사람이 없었기 때문에 사람들은 노비들의 삶에 대해서는 잘 알지 못합니다.

TV 드라마에서 양반들은 끊임없이 책을 읽으며 심신 수양에 힘쓰고, 과거에 진출하여 국정을 논하는 모습으로 묘사됩니다. 그러나 노비들은 게으르고 지저분하며 심지어 주인의 은혜를 저버리고 도망가는 배은망덕한 자로 표현될 뿐입니다.

나양반은 성실하게 일하지 않았습니다. 오히려 그는 과거 시험 합격에만 애를 썼을 뿐입니다. 자신이 나태하여 양반으로서의 위신을 잃어버린 것을 노비들 탓으로 돌리는 것은 역사 왜곡입니다. 나양반은 먹고 살기 위해 스스로 나를 양인으로 풀어 주었습니다. 나는 정당하게 값을 지불하고 나양반에게서 해방되었지만 피고는 내가 도망친 노비라고 주장하고 있습니다.

이에 대해 나는 양반의 위선과 나에 대한 명예 훼손죄, 사기죄로 고발하고자 합니다. 조선 역사의 올바른 자리매김과, 공정한 역사적 평가를 통해 나 역시 주인공들의 역사 속으로 나오고자 합니다.

입증 자료

- 중학교 역사 교과서
- 고등학교 한국사 교과서
  그 외 자료 추후 제출하겠음.

위 청구인 억울해
역사공화국 한국사법정 귀중

억울해는 어떻게
노비가 됐을까?

1. 양반과 노비는 어떻게 다를까?
2. 억울해는 왜 노비가 됐을까?
3. 노비의 생활은 어땠을까?

교과연계

역사
　Ⅴ. 조선의 성립과 발전
　1. 조선의 건국과 통치 체제의 정비
　　(3) 조선의 통치 제도

양반과 노비는
어떻게 다를까?

"나양반이 명예 훼손 혐의로 소송을 당하다니 말도 안 돼."

"그러게 말이야. 나양반처럼 점잖고 무게 있는 사람이 또 어디 있다고."

"억울해가 나양반의 노비였을 때 그렇게 나양반을 미워하더니, 이제 돈 좀 있다고 주인에게 덤비다니 세월 참 좋아졌어."

"무슨 소리야, 나양반이 얼마나 억울해를 괴롭혔는데. 나양반이 하도 심하게 노비들을 닦달하니 나중에 그 집안의 노비들이 죄다 도망가서 난리가 났었잖아. 억울해가 노비에서 해방되고 이제는 부자까지 되었으니 나양반도 함부로 하면 안 되지."

"억울해가 노비에서 해방되었다고? 언제 양인이 되었는데?"

"소문에는 양인이 아니라 양반이 되었다던데……."

"모두들 조용히 하세요! 곧 판사님이 들어오십니다."

검은색 판사복을 입은 판사가 걸어 들어와 재판정 한가운데 놓인 높은 의자에 앉았다. 이어 배심원들이 자리에 앉고, 방청객들도 자리에 앉았다. 재판정을 휙 둘러보던 판사는 나양반과 억울해를 번갈아 살펴보더니 소장을 잠시 바라보았다. 잠시 침묵이 흐른 뒤, 판사가 입을 열었다.

판사   지금부터 억울해 대 나양반의 재판을 시작하겠습니다. 이번 사건은 양반과 노비 사이에 얽힌 신분 문제의 진실을 밝히는 소송입니다. 먼저 원고 측 변호인은 소송을 제기한 이유를 설명해 주시기 바랍니다.

김딴지 변호사   네, 존경하는 판사님. 억울해는 나양반의 집에서 노비로 살다가 나양반에게 돈을 주고 양인이 되었습니다. 이후 억울해는 쉬지 않고 일하여 큰돈을 벌었습니다. 그런데 나양반이 갑자기 억울해가 도망간 노비라고 동네방네 떠들고 다니기 시작했습니다. 나양반은 겉으로는 위엄을 차리고 고상한 체하여 주변 사람들이 그를 믿고 따르는 편입니다. 하지만 분명한 사실은 억울해는 더 이상 나양반의 노비가 아니라는 것입니다. 오히려 억울해는 나양반의 편안한 생활을 위해 철저히 희생된 한 사람일 뿐입니다.

그 당시에는 억울해처럼 짓밟히고 억압당하며 살았던 사람들이 엄청 많았습니다. 노비들은 모두 사람이 아닌 가축 취급을 당했습니다. 희생만 하며 이름도 없이 살다 갔는데 사람들은 노비를 양반들

이 만들어 놓은 편견 때문에 나태하고 무식하고 파렴치하
다고 생각합니다.

조선 후기는 신분제 변동이 격심한 시기였습니다. 게다
가 임진왜란이 끝나자 전체 인구 중 양반이 차지하는 비율
이 무려 35퍼센트로 늘어났고, 그로부터 100년 정도 지난
시기에는 78퍼센트에 이를 정도였습니다. 양반이라는 의미 자체가
약해지는 상황이었습니다. 신분제가 사라진 지금, 양반이라는 이유
만으로 큰소리칠 때는 지났습니다. 나양반은 세간에 노비에 대한 편
견을 퍼뜨리고 조장한 점, 억울해의 명예를 훼손한 점 등을 인정하
고 사죄해야 합니다. 억울해의 진실을 밝혀 보면 조선 시대 신분제
의 정확한 사실을 알 수 있을 것입니다. 판사님, 이번 재판을 통해 양
반과 노비의 진실한 모습을 밝혀 주셨으면 합니다.

김딴지 변호사가 억울해가 나양반에게 소송을 제기한 이유를 설
명하자, 재판정은 순간 정적이 흘렀다. 김딴지 변호사의 발언이 너
무도 놀라웠기 때문이다. 방청객들은 억울해를 바라보며 술렁였다.

"아니, 뭐라고 하는 거야. 우리가 노비에 대해 편견을 갖고 있다고?"

판사   방청객 여러분, 법정에서는 조용히 해 주세요!

판사가 큰 소리로 말을 하자, 방청객들은 불만 어린 표정을 지었
으나 곧 조용해졌다.

판사   원고 측의 소송 이유를 잘 들었습니다. 김딴지 변호사가 소장에 있는 핵심 내용을 잘 요약해 주었네요. 그럼 이번에는 피고 측의 입장을 간단히 들어 보겠습니다. 피고의 자기소개 부탁드립니다.

나양반   나는 1730년(영조 6) 조선의 대표적인 양반 가문에서 태어났습니다. 아래로는 여동생 두 명이 있습니다. 모두들 맏이인 나의 말을 잘 따라 집안이 화목했습니다. 나는 학문에 전념했으나 과거 시험에는 아쉽게도 합격하지 못했습니다. 그러나 마을에서 나의 집안이나 나에게 욕을 하는 사람은 아무도 없습니다. 내가 남에게 해를 끼치는 행동을 한 적이 없었기 때문입니다.

그런데 내 인생에 별안간 큰 시련이 닥쳐왔습니다. 가세가 기울자 노비들이 도망치기 시작한 것입니다. 원고 억울해도 바로 그중의 한 명입니다. 억울해는 우리 집 노비였는데 어느 날 갑자기 사라져 버렸습니다. 그 후 소식이 없다가 부자가 되어 나타나더니 자신이 나에게 돈을 주고 양인이 되었다고 주장하고 있습니다. 이에 나는 신실을 밝혔지만 오히려 억울해에게 명예 훼손 혐의로 소송을 당한 것입니다.

판사   양측의 주장 잘 들었습니다. 그럼 본격적인 재판에 들어가기에 앞서 어떤 사람을 양반이라고 하는지 알아보는 것이 좋겠습니다. 피고측 변호인이 설명해 주겠습니까?

이대로 변호사   양반은 원래 동반과 서반을 합쳐 부르던 말입니다. 글공부를 하여 관료가 되면 문반이요, 무술을 익혀 관료가 되면 무반이라 합니다. 문반은 동반, 무반은 서반이라고도 불렀는데 조회를 할 적에 왕을 기준으로 동쪽에는 문반이, 서쪽에는 무반이 자리한 데서 따른 것입니다. 그러니까 처음에 양반이라는 호칭은 관료에게 한정되었는데 조선 초기를 지나면서 신분 개념으로 바뀌었습니다. 이러한 상황에서 양반이 양반을 낳게 되었던 것입니다.

판사　그러니까 문반과 무반을 합쳐서 양반이라 불렀군요. 양반에 대해 조금 더 자세히 설명해 주시겠습니까?

이대로 변호사　양반도 지역에 따라 생활의 차이가 많았습니다. 한성이나 한성 근교에 사는 양반은 부정기적으로 치는 시험에 응시할 기회가 많아 과거 합격자가 많았습니다. 지방에 사는 양반은 과거 응시에 대한 정보가 부족하고, 비용 문제도 있어서 합격에 어려움이 많았습니다. 그러나 양반은 많은 토지를 가지고 있기 때문에 마을에서는 권세를 부릴 수 있었습니다. 양반의 주요 일은 '봉제사 접빈객(奉祭祀 接賓客)'이었습니다. 즉, 조상 제사를 잘 모시며 손님 접대를 잘하는 것이 양반의 가장 대표적인 일이었습니다. 한편 양반은 평소 공부에 힘쓰고 자기 수양을 해야 합니다. 물론 결혼도 같은 양반끼리 해야 체면을 유지할 수 있었지요.

판사　지금까지 양반에 대한 설명을 잘 들었습니다. 그럼 이제 원고를 통해 노비의 생활을 구체적으로 알아보는 것이 좋겠습니다. 먼저 자기소개부터 부탁드리겠습니다.

억울해　나는 1720년(숙종 46)에 태어났습니다. 아버지는 억삼이, 어머니는 김파초로 노비 부모 밑에서 태어났습니다. 사실 아버지는 노비, 어머니는 양인이었습니다. 아래로는 남동생 한 명과 여동생

한 명이 있습니다. 모두 제대로 먹지도 못하고, 결혼도 제때 한 경우가 없었습니다. 나도 죽은 목숨처럼 찍소리도 내지 못하고 일만 하다가 겨우 노비에서 벗어나게 되었습니다. 그런데 나양반이 내가 도망 노비라는 소문을 내고 다닌다는 이야기를 듣고 소송을 제기하게 된 것입니다. 진실을 제대로 밝혀 주십시오. 저 양반이 거짓을 말하고 있습니다.

판사   원고는 어떻게 노비라는 신분에서 벗어나게 되었습니까?

억울해   나는 나양반에게 돈을 주고 합의 하에 양인이 되었습니다. 그런데도 나양반은 이제 와서 나를 도망 노비라고 음해하고 있습니다. 심지어 나양반이 사람들에게 노비에 대한 편견을 심어 주고 다녀서 정상적인 생활이 어려울 지경이었습니다. 이젠 노비라는 과거의 굴레에서 벗어나 편안해지고 싶습니다. 그리고 노비도 보통 사람과 다를 바 없는 사람임을 알리고 싶습니다.

김반시 변호사   판사님, 익울해가 한때 나양반의 노비였다는 이유로 왜 계속 고통을 받고 있는지 이해하려면 노비가 무엇인지부터 알아야 한다고 봅니다.

판사   네. 원고는 노비가 무슨 뜻인지 설명해 주시겠습니까?

억울해   노비(奴婢)는 전근대 사회에 존재했던 최하층 신분의 하나로 보통 '종'이라 불렸습니다. 노(奴)는 남자 종을, 비(婢)는 여자 종을 말합니다.

김딴지 변호사   아! 그렇군요. 그런데 노비는 언제, 어떻게 생기게 된 것입니까?

억울해　한국의 노비 제도는 기원전 20년 이전으로 거슬러 올라갑니다. 정복 전쟁이 활발했던 고대 사회에서는 대부분 전쟁 포로들이 노비가 되었습니다. 전쟁은 한꺼번에 많은 노비를 확보할 수 있는 기회이기도 했습니다. 다른 한편으로는 채무자나 범죄자가 노비가 되었습니다.

김딴지 변호사　그럼 조선 시대에도 전쟁 포로나 범죄자들이 노비가 되었나요?

억울해　아닙니다. 통일 신라 이후 정복 전쟁이 사라지면서 노비 신분을 세습시키는 노비세전법(奴婢世傳法)이 생겼습니다. 특히 조선의 노비 제도는 노비세전법과 함께 부모 중 한쪽이 노비이면 그 자식은 무조건 노비가 되어야 했기 때문에 매우 가혹했어요.

김딴지 변호사　노비들은 모두 똑같은 취급을 받거나 하는 일이 같았습니까?

억울해　아닙니다. 노비는 주인이 누구냐에 따라, 하는 일에 따라, 신분적 예속의 정도도 달랐습니다. 주인이 누구냐에 따라 공노비와 사노비로 나뉘었습니다. 노비의 주인이 왕실 및 국가 기관일 경우 공노비, 개인일 경우 사노비가 됩니다. 공노비는 중앙 관청, 지방 관청, 내수사, 궁방 등에 소속된 노비로 신역(身役)을 제공하거나 신공(身貢)을 바쳤어요. 사노비는 주인집에 살거나 근처에 살면서 무제한 노동을 바쳐야 하는 솔거노비(率居奴婢)와 독립적으로 지내면서 주인에게 일정한 양의 신공만을 바치는 외거노비(外居奴婢)가 있었

예속
남의 지배나 지휘 아래에 매이는 것을 말합니다.

신역
일반적으로 조선 시대 양인이 국가에 조세로 바치는 노동력을 의미하나 노비들이 주인에게 제공해야 하는 노동력을 말하기도 합니다.

신공
공노비·사노비가 소속 관청이나 주인에게 직접 몸으로 부림을 받지 않는 대신에 이에 해당하는 반대 급부를 바치는 것으로 주로 면포나 돈을 바쳤습니다.

계집종
종살이를 하는 여자를 가리키는 말입니다.

친지
서로 잘 알고 가깝게 지내는 사람을 이릅니다.

어요. 우리가 흔히 드라마에서 자주 보았던 노비들은 주로 솔거노비입니다.

김딴지 변호사   원고는 어떤 형태의 노비였나요?

억울해   솔거노비였습니다. 나양반의 집에서 일했지요.

김딴지 변호사   그렇다면 피고와 어떤 관계였는지 설명해 주실 수 있으십니까? 원고는 나양반에게 어떤 존재였나요?

억울해   사실 노비를 소유하지 않은 양반은 사회적으로 인정받지 못했습니다. 그 정도로 노비는 양반 대신 허드렛일을 해 주는 존재였습니다. 나도 어릴 때부터 나양반 집에서 온갖 잡일을 해야만 했습니다.

김딴지 변호사   당시 노비들이 어떤 일을 했는지 구체적으로 이야기해 주시겠습니까?

억울해   네. 노비들은 주로 집안의 잡무, 농사와 길쌈, 상업 활동, 땔감과 식수 조달 등의 일을 했습니다. 특히 땔감은 취사와 난방 때문에 많이 필요했지요. 물은 음식을 만들거나 목욕·청소·세탁 등에 사용되어 늘 부지런히 길어다 놓아야 했습니다. 계집종의 경우에는 주로 음식을 만들거나 방아를 찧었습니다.

이대로 변호사   판사님, 원고의 진술 중에 중요한 업무가 빠졌습니다. 노비의 일 가운데 가장 큰 일은 선물 전달이었습니다. 당시 양반들은 친지와 곡물, 주류, 약재 등을 비롯해 특산품과 기호품을 서로 주고받으며 생활을 유지했습니다. 나양반은 억울해를 신임했기 때문에 친척집을 방문할 때도 꼭 데리고 다녔습니다. 이런 상황으로

외거노비

솔거노비

『미암일기』

조선 선조 원년(1568)부터 10년 동안에 걸쳐서 미암 유희춘이 쓴 일기입니다. 개인의 일기 가운데 가장 방대한 것으로 자신의 일상생활과 국정의 과정, 인물에 이르기까지 날짜순으로 기록되어 있어 사료로서 가치가 큰 책입니다.

보아 나양반은 억울해를 매우 아꼈음을 알 수 있습니다.

판사　선물을 주고받는 데 데리고 다닌 것이 어떻게 억울해를 신임했다는 증거가 되나요?

이대로 변호사　양반에게 가장 큰 수입원 중 하나가 선물 거래입니다. 관료가 되어 나라에서 받는 녹봉보다 훨씬 많았습니다. 조선 시기 유희춘이란 분이 쓴 『미암일기』를 보면 그가 10년 동안 동료 관료, 친인척, 제자, 지인들로부터 2,885회에 걸쳐 각종 물품을 받았다는 기록이 있습니다. 한 달로 치면 평균 42회로 양반들의 생활에서 선물 거래가 얼마나 중요한지 알 수 있습니다. 이렇게 중요한 일을 시킬 정도로 나양반은 억울해를 신임했습니다.

판사　다른 중요한 일은 시키지 않았나요?

이대로 변호사　억울해는 몸이 크고 날랬습니다. 그 때문에 논농사와 밭농사도 시켰지요. 나양반 소유의 토지 중 집과 너무 멀어 직접 감독하기 어려운 곳은 억울해를 보내 감독하도록 했습니다. 억울해가 성실하게 일을 해 주면 상으로 곡식을 더 주기도 했습니다. 그럼에도 불구하고 나양반의 형편이 나빠지자 억울해가 도망을 갔습니다.

판사　나양반의 형편이 어려워졌다고요?

이대로 변호사　네. 한동안 나양반은 몸이 좋지 않았습니다. 나양반을 간호하던 부인마저 앓아누워 가세가 점점 기울었습니다. 주인 양반이 아픈 틈을 타 집안에서 부리던 노비들은 자꾸 게으름을 피우기 시작했습니다. 게다가 집에서 가장 힘이 좋았던 삼식이와 언년이가 한밤중에 도망가 버린 것입니다. 억울해도 어느 날 보니 도망가고 없었습니다. 다른 양반들은 도망 노비를 찾기 위해 사람도 보내고 관아에 신고도 하지만 그래 봤자 별 소용이 없고, 나양반은 그럴 형편도 못 되었지요.

추노
도망간 노비를 수색하여 잡아오는 것입니다. 노비 소유주가 노비를 찾아내면 당사자나 후손으로부터 그동안의 몸값을 징수하였습니다.

판사　도망간 노비를 찾기 위해 관아에 신고하는 것이 왜 소용이 없습니까?

이대로 변호사　도망간 노비가 깊은 산중으로 들어가 버리면 찾기가 어려웠습니다. 도망 노비들은 섬이나 광산, 목장 또는 상업이 발달한 도시 등에 몸을 숨기고 살았습니다. 특히 섬은 왕실이나 관아가 어장을 설치하여 세금을 거둬 가는 곳이 많았습니다. 왕실이나 각 관아에서는 이를 보호하기 위해 추노(推奴)를 금지했기 때문에 도망 노비들이 많이 모였죠. 또한 서북 지방에서도 마찬가지였습니다. 서북 지방은 국방상의 이유로 인구를 증가시키기 위해 추노를 금지했습니다. 특히 함경도에서는 사노비라 하더라도 상전이 마음대로 잡아가지 못하도록 했습니다.

판사　노비들의 도망은 언제 빈번해졌습니까?

이대로 변호사　조선 후기에는 노비의 도망이 흔하게 일어났습니다. 게다가 혼자 도망치는 것이 아니라 가족 구성원 전체나 일부가 함께 도망가는 현상이 많아졌습니다. 당시 도망간 노비들은 신분을 속이고 노비에서 벗어나려 했습니다.

판사　도망친 노비는 아무런 문제 없이 먹고살 수 있었습니까?

이대로 변호사　네. 조선 후기는 농업 생산력의 발전, 상공업의 발달, 광산 개발, 도시의 성장, 고용 노동의 발전 등으로 사회 경제 구조가 요동치고 있던 시기였습니다. 노비가 도망가도 신분을 감추고 생활할 수 있는 여건이 마련되었기 때문에 도망이 극심해졌습니다.

판사　어떻게 신분을 감출 수 있었나요?

이대로 변호사　조선 후기에는 흉년이 자주 들었어요. 흉년이 들면 많은 유민이 발생했어요. 유민의 무리에 다수의 노비들이 포함되었

왜 조선 시대에는 양반과 노비가 있었을까?

습니다. ▶조선 시대 호적에는 아버지, 할아버지, 증조할아버지, 외할아버지 등 4조(四祖)를 기재하게 되어 있는데, 유민들은 정착한 곳에서 호적을 새로 만들 수 있었어요.

판사   억울해도 나양반에게서 도망친 후 새로 호적을 만들었다는 말입니까?

이대로 변호사   맞습니다. 원고는 나양반 집에서 도망가 양인 행세를 한 것입니다.

판사   원고는 나양반이 돈을 받고 그를 풀어 주어 자유의 몸이 되었고 후에 양반까지 되었다고 하는데 피고 측에서는 억울해가 도망간 노비라고 주장하는 근거가 있습니까?

이대로 변호사   원고는 말도 안 되는 이야기를 하고 있습니다. 노비들은 주인인 양반의 명에 따라야 했습니다. 왜냐하면 노비는 양반의 재산이기 때문입니다. 노비는 매매, 증여, 상속 가능한 존재였음을 억울해가 잊어버린 것 같습니다. ▶▶조선 시대 법전인 『경국대전』 「형전」을 보면 개인 노비 매매에 관한 기록이 있습니다. 개인 간의 노비 매매라도 관에 고하게 되어 있습니다. 당시 노비 가격을 보면 '16세 이상 50세 이하의 노비 가격은 종이돈 4,000장, 15세 이하와 51세 이상은 3,000장'으로 나와 있습니다. 원고는 당시 자신의 신분을 생각해야 합니다. 한번 양반은 영원한 양반이고, 한번 노비는 영원한 노비였으니까요.

노비 매매 문서

대사성
조선 시대 최고의 교육기관인 성균관에 재직한 정삼품의 관원을 말합니다. 성균관의 실질적인 장으로서 학문이 뛰어난 자가 임명되었습니다.

판사   한번 양반은 영원한 양반이라고 주장하는 이유는 무엇입니까?

이대로 변호사   이를 위해서는 양반의 생활 방식과 그에 따른 품격을 알아야 합니다. 그래서 조선 사회의 유교적 질서를 잘 설명해 줄 수 있는 분으로 퇴계 이황 선생님을 증인으로 신청합니다.

판사   좋습니다. 증인은 증인석으로 나와 선서해 주세요.

인자하고 검소해 보이는 영혼이 등장하자 방청객들이 웅성거렸다. 어디선가 많이 본 듯한 모습이어서 생각을 떠올리니 바로 천 원짜리 지폐의 주인공이었다. 증인은 사람들의 시선을 의식한 듯 차분하게 말하기 시작했다.

이황   나 증인 이황은 진실만을 말할 것을 선서합니다.

판사   본인 소개를 부탁드립니다.

이황   나는 조선을 대표하는 학자인 퇴계 이황입니다. 나는 성균관 대사성을 역임할 정도로 실력이 있었지만 자기 수양을 중시하는 입장이라 벼슬에서 물러나 고향에서 공부하는 것을 더 좋아했습니다.

판사   자기소개 감사드립니다. 피고 측 변호인, 신문을 시작해 주세요.

이대로 변호사   억울해는 최근에 자신이 양반이라고 우기기까지

왜 조선 시대에는 양반과 노비가 있었을까?

하는데 그는 향안에도 이름이 없는 천한 노비였습니다. 증인, 향안이 무엇인지 설명해 주시겠습니까?

이황 조선 시대에는 양반을 다른 말로 '사족(士族)'이라 불렀습니다. 사족이란 고위 문무 관원을 배출하는 가문과 그 구성원을 일컫는 말입니다. 특히 지방에서 강력한 영향력을 행사하는 경우에는 '재지사족(在地士族)'이라 불렀지요. 양반들은 그들의 지위를 확립하기 위해 여러 가지 조직을 만들었습니다. 가장 중심적인 역할을 했던 것이 '향안'과 '향약'입니다. 향안이란 각 지방마다 작성된 양반 명부입니다.

양반들도 향안에 이름을 올리기 위해서는 자격 심사를 받아야 했습니다. 우선 아버지와 어머니 집안 모두가 향안에 참여하고 있는 가문으로 흠이 없어야 했습니다. 향리, 서얼의 후손이거나 이들과 결혼한 가문, 다른 지방 출신으로 그 지역 여성과 결혼하여 살고 있는 사람, 도덕적인 문제를 일으킨 사람은 특히 엄격한 심사를 받았습니다. 지역 여성과 혼인한 경우는 여러 세대를 거쳐야 명부에 이름이 오르는 것이 가능했습니다.

서얼과 향리 출신의 사람에 대해 특히 엄격한 제한을 가했던 것은 그들이 어떤 의미로는 재지사족과 매우 가까운 관계에 있었기 때문입니다. 즉, 재지사족이 지역 사회의 지배층으로 스스로의 지위를 확립하기 위해서는 향리층과 자신들을 명확히 구별할 필요가 있었기 때문입니다. 향안에 이름을 올린 양반들은 자신들만의 사교 모임인 '유향소'를 만들어 마을을 운영했습니다.

유향소
지방의 수령을 보좌하던 자문 기관으로 지방의 유력자나 벼슬에서 은퇴한 자를 택하여 풍속을 바로잡고 향리를 감시하는 역할을 맡겼습니다. 수령의 일방적인 권한 행사를 견제하는 기능을 갖고 있어서 점차 수령이나 중앙 집권에 거스르는 경향을 띠게 되었습니다.

또한 양반들은 향약 보급을 통해 향촌 질서를 재편하고자 했습니다. 향약의 네 가지 덕목에 대해서는 모두 들어 보았을 것입니다. 덕업상권, 과실상규, 예속상교, 환난상휼이라는 4대 강령에는 어려울 때 이웃을 챙기는 아름다운 덕목이 담겨 있습니다.

이대로 변호사 아! 학교 다닐 때 사회 시간에 외웠던 덕목이군요. 그 내용으로 보건대 양반의 높은 도덕성을 짐작할 수 있을 것 같습니다. 향약의 4대 덕목에 대해 좀 더 자세히 설명해 주시기 바랍니다.

이황 이렇게 좋은 글은 꼭 기억해야 합니다. 요즘 사람들은 사람 사이에 지켜야 할 아름다운 예(禮), 즉 '사람 간의 간격'을 유념해야 합니다. 원고와 방청객 여러분도 잘 들으세요. 사람은 배워야 합니다.

방청석에서 박수가 터져 나왔다.

"예가 사람 간의 간격이라는 설명은 딱 들어맞는 표현인 것 같아. 역시 존경할 만한 훌륭한 분이야."

계속 소란스럽자 판사는 엄격한 눈으로 법정 안을 둘러보았다.

판사 조용히 해 주세요. 여기는 신성한 법정입니다. 우선 퇴계 이황의 이야기를 듣고 원고 측은 반론해 주십시오.

이황 향약의 4대 덕목으로는 첫째, 좋은 일은 서로 권한다는 덕업상권이 있습니다. 과실상규는 잘못은 서로 고쳐 주는 것, 예속상교는 예의 바르게 친족이나 이웃 사람과 교제하는 것, 환난상휼은 어려운 일이 생겼을 때 서로 도와주는 것으로 향약의 덕목에는 사람이 사람답게 살 수 있는 방식이 다 들어 있습니다. 이 모든 것을 충분히 갖추지 못한 사람은 양반이라고 할 수 없지요.

이대로 변호사   향약의 4대 덕목은 지금같이 사람과 사람 사이의 예가 사라지는 시기에 꼭 필요한 내용 같습니다. 그런데 당시 백성들은, 특히 그중에서도 노비들은 글을 모르지 않았습니까? 그들도 이런 가르침의 대상이 되었나요?

이황   당시 백성들은 대부분 글을 몰랐기 때문에 **위정자**들은 고민을 많이 했습니다. 조선은 법과 제도만으로 백성들을 통치하려 하지 않았습니다. 사람이라면 최소한 실천해야 할 덕목인 신하의 임금에 대한, 자식의 어버이에 대한, 아내의 남편에 대한 윤리, 즉 충, 효, 열을 그물망처럼 던져서 백성들을 이끌었습니다. 이런 방식을 흔히 교화(教化)라고 하죠. 백성을 교화시키기 위해서는 임금부터 모범을 보여야 했습니다. 물론 양반도 마찬가지였습니다. 글을 알았던 양반은 노비들의 스승이 되어야 했지요. 다른 사람의 스승이 되거나 모범을 보여야 하는 삶은 굉장히 고됩니다.

판사   알겠습니다. 그럼 다음으로 원고 측에서 반대 신문을 하시겠습니까?

김딴지 변호사   네, 판사님. 양반이 노비의 스승이니, 향약이니 하는 것들은 보기 좋은 허울일 뿐입니다. 일반적으로 양반들의 도덕성은 그리 높지 않았습니다. 조선 시대에는 같은 죄를 지어도 신분에 따라 처벌이 달랐습니다. 심지어 양반이 맞아야 될 매를 노비가 대신 맞기도 했습니다. 그렇지 않습니까?

위정자
정치를 하는 사람을 가리키는 말로, 나라를 다스리는 왕을 비롯하여 관료들을 말합니다.

이황　네. 그렇습니다. 양반이 죄를 지은 경우 회초리로 정강이 밑을 때리는 시늉만 했죠. 때에 따라서는 노비가 대신 맞기도 했습니다. 그러나 그런 일은 아주 드물었고 대부분의 양반은 백성을 잘 다스리고 양반으로서의 체통을 지키려고 많은 노력을 했습니다.

김딴지 변호사　향약도 서로 상부상조하자는 말은 그럴 듯하지만 사실 상하 구분을 엄격히 하고 분수를 지키라는 속내용을 담고 있습니다. 양반들은 백성들을 통제하고 지배력을 행사하기 위해 향약을 만든 것 아닙니까?

이황　무슨 말씀입니까? 양반에게서 도덕성을 빼면 도대체 뭐가 남겠습니까? 당시 양반들은 규약을 세워 높은 도덕성을 지키려고 했습니다. 그 가운데 여러분도 잘 아시는, 내가 만든 '퇴계 향약 약문'을 가지고 말씀드리겠습니다. 이 '퇴계 향약 약문'을 잘 지키지 않은 양반은 벌을 받았습니다. 여기에 이런 내용이 있습니다.

　　부모에게 불순한 사람, 형제가 서로 싸우는 사람, 집안의 도를 어지럽힌 사람, 수절하는 과부를 유인하여 더럽힌 사람 등을 가장 심한 벌에 처한다. 중벌을 받는 사람으로는 친척이 화목하지 않는 사람, 본처를 박대하는 사람, 이웃과 화합하지 않는 사람, 친구들과 서로 치고 싸우는 사람, 염치를 돌보지 않고 선비의 기풍을 허물고 더럽힌 사람, 말을 만들고 거짓으로 사람을 죄에 빠뜨리게 하는 사람 등이 속한다. 회의에 늦게 도착한 사람, 문란하게 앉아 예의를 잃은 사람, 좌중에서 떠들썩하게 다투는

사람, 앉을 자리를 비워 놓고 편리한 대로 하는 사람, 아무런 이유 없이 먼저 나가는 사람 등에게는 가장 약한 벌을 내린다.

여러분도 들으면서 느끼셨겠지만 이 많은 규약을 지키기가 어디 쉬운가요? 양반은 아무나 하는 게 아닙니다. 그만큼의 노력과 자질이 있어야 합니다.

방청석에서 듣고 있던 사람들이 지루한지 소곤대기 시작했다.

"양반도 힘들었겠네. 평소에 거드름만 피우는 줄 알았더니 아닌가 봐!"

"맞아. 저렇게 많은 것을 지켜야 했다니 나라면 양반으로 못 살았을 것 같아."

분위기가 갑자기 피고 측으로 쏠리사 심딴지 변호사는 약간 당황하기 시작했다. 이대로 변호사는 이 기세를 몰아 분위기를 완전히 자신 편으로 이끌려고 했다.

이대로 변호사　존경하는 판사님, 그리고 배심원 여러분. 양반이 되려면 정말 많은 노력이 필요했습니다. 이는 연암 박지원의 『양반전』을 통해서도 확인할 수 있습니다. 제가 한번 읽어 보겠습니다.

양반들은 더러운 짓을 멀리하고, 오경(五更)에 항상 일어나서

유황으로 등잔불을 켜 놓고, 눈은 코끝을 보고 발꿈치를 모아 볼기를 고이고서 『동래박의』를 얼음에 박 밀듯이 외웠습니다. 배고픔을 참고 추위에 견디며 가난을 말하지 아니합니다. 세수할 때 주먹을 비벼서 때를 밀지 말고, 입 안을 씻어 내되 지나치게 하지 말고, 소리를 길게 하여 여종을 부릅니다. 양반은 밥 먹을 때 상투 바람으로 먹지 말고, 음식을 국부터 먹지 말고, 국을 마시되 훌쩍훌쩍 소리 내서 먹지 말아야 합니다. 생파를 먹지 말고, 술 마실 때 수염까지 빨지 말고, 화가 나더라도 그릇을 발로 차지 말고, 주먹으로 아녀자를 치지 말고, 노비를 꾸짖어 죽이지 말고, 말할 때 침을 튀기지 말고, 소를 잡지 말고, 돈으로 도박을 하지 않아야 합니다.

이외에 양반이 지켜야 할 일이 얼마나 많은지 입이 아파 더 이상 말을 못할 지경입니다.

이대로 변호사가 말을 마치자 방청석에서 갑자기 야유가 터져 나왔다.

"에이, 그걸 다 지키는 양반이 어디 있어. 난 한 번도 본 적 없는걸."

"기생집에서 술 마시는 양반은 많이 봤는데."

또 다른 쪽에서는 킥킥거리는 웃음소리가 들려왔다. 이때 법정 안의 분위기를 살피던 김딴지 변호사가 자리에서 일어섰다.

오경

하룻밤을 다섯으로 나눴을 때의 다섯 번째 부분으로 새벽 3시에서 5시까지를 말합니다.

『동래박의』

1168년에 중국 남송의 여조겸이 『춘추좌씨전』에 대하여 논평하고 주석을 단 책입니다.

노비 동령
노비가 지켜야 할 법령으로 양
반이 신분 질서를 엄격하게 유
지하고 노비들을 통제하려고 만
들었습니다.

김딴지 변호사   제가 조사한 바에 따르면, 양반들 모두 이러한 규칙을 지켰던 것은 아니었습니다. 양반들이 얼마나 비윤리적이었는지를 나양반의 예를 들어 말씀드리겠습니다. 나양반은 아홉 살 때부터 원고를 괴롭히기 시작했습니다.

이대로 변호사   이의 있습니다. 괴롭히다니요! 피고는 그런 적 없습니다. 나양반은 평소에 노비들에게 후한 사람이었습니다. 특히 억울해에게 참 인자했습니다. 억울해가 임무를 잘 수행하면 곡식을 더 주었고, 병에 걸리면 동네 의원에게 부탁하여 약재를 구해 주기도 했습니다. 양반이라고 무조건 노비를 함부로 대하지 않았습니다. 나양반은 억울해를 가족으로 생각했습니다. 가족!

방척객들은 '가족'이라는 단어에 풋 하고 웃음을 내뱉었다. 조선 시대에 양반이 노비를 가족으로 여기는 모습을 상상하니 어이가 없었기 때문이다.

김딴지 변호사   판사님, 이의 있습니다. 지금 피고 측은 재판에서 이기기 위해 억지 주장을 남발하고 있습니다.

판사   피고측 변호인의 발언이 억지라고 주장할 만한 근거가 있습니까?

김딴지 변호사   네. 나양반이 억울해를 가족으로 여겼다고요? 이는 말도 안 되는 이야기입니다. 양반들은 노비들이 자신들에게 꼼짝하지 못하도록 '**노비 동령**'이라는 것까지 만들었습니다. '노비 동령'은 조선 초기 이후 중앙에서 벗어나 지방으로 이주한 양반들이 만든 것입니다. 관직에 나아가지 못한 지방 양반들은 녹봉을 받을 수가 없었습니다. 그 결과 농사를 열심히 지어야 살 수 있었습니다. 즉, '노비 동령'은 양반들이 가진 많은 토지를 경작할 노비들을 통제하기 위해 만들어진 것입니다. 이 '노비 동령'을 보면 양반이 노비의 인권에 대해 아무런 생각이 없었다는 것을 알 수 있습니다. 제가 그중 한 대목을 읽어 보겠습니다.

본주인 및 다른 주인에게 무례하고 불손한 노비는 50대의 몽둥이 매질에 처한다. 부모에게 불손한 사람, 간음한 자와 도적질한 자도 몽둥이 50대이다. 서로 싸워 남을 상하게 한 자는 몽둥이 50대에 2대를 더한다. 경작권을 빼앗든가 방해하는 자, 곡식을 베어 가는 자도 몽둥이 50대에 2대를 더한다. 떼 지어 술 마시고 행패 부리는 자와 강둑의 나무를 베는 자, 밭 위로 모래를 흘려 보내는 자는 몽둥이 50대이다.

이외에도 조항이 더 있습니다. 양반들은 노비를 무조건 몽둥이로 때려서 다스려야 한다고 생각했습니다. 노비를 사람이라고 생각하지 않은 행위입니다. 실제로 양반들이 노비를 어떻게 대했는지에 대해서는 원고에게 직접 사정을 들어 보도록 하겠습니다.

조선 시대의 노비

조선 시대 노비는 주인에 따라 공노비와 사노비로 분류하였는데 주인이 왕실 및 국가 기관일 경우 공노비라 불렸고, 개인일 경우 사노비라 불렸습니다. 사노비는 신공을 바치는 형태에 따라 솔거노비와 외거노비로 나눌 수 있습니다. 솔거노비는 주로 주인과 같이 살거나 주인집 근처에 거주하면서 직접적인 노동력을 제공하는 노비이고, 주인과 따로 거주하면서 주인에 대한 의무인 신공만 바치면 되는 노비는 외거노비입니다.

양반은 체면을 지키기 위해 솔거노비를 반드시 거느려야 했습니다. 솔거노비는 밥 짓기, 편지 전달, 나무하기 등 주인집의 모든 허드렛일을 대신하고 농사와 장사도 했습니다. 주인과 가까이 살며 죽을 때까지 노동력을 제공해야 했으며 재산으로 취급되어 매매 · 상속 · 증여의 대상이 되었습니다. 반면 외거노비는 주인과 멀리 떨어진 곳에 거주하면서 일정한 신공을 바쳤습니다. 토지를 경작하면서 수확의 일부를 조(租)로 바치고 나머지는 소유할 수 있었습니다. 또한 가정을 꾸릴 수도 있었습니다.

공노비는 16세부터 60세까지 역(役)을 부담하였는데 각 관청에 노동력을 제공하거나 현물을 상납하였습니다.

조선 후기에 점점 노비의 수가 많아지자, 노비층 자체에서도 우열의 차이가 생겨, 공노비는 노비이면서 노비를 소유하기도 하였습니다. 16세기 국가 재정이 악화되자 돈을 바치는 노비에게 면천을 해 주었고, 임진왜란 이후에는 군량 문제의 해결이나 군공에 대한 대가로 면천하는 경우가 많았습니다.

2

억울해는
왜 노비가 됐을까?

김딴지 변호사　원고는 피고를 언제 보았습니까?

억울해　피고가 태어난 지 1년가량 지난 후 사랑채 마당에서 걷는 것을 처음 보았습니다. 그때 피고는 참 똑똑하고 귀여웠습니다. 다섯 살 무렵부터 큰 어른께 글을 배우기 시작했는데, 아무것도 모르는 저희들이 보아도 글을 잘 읽는 것 같았습니다.

김딴지 변호사　원고는 태어날 때부터 피고 집안의 노비가 되었다고 하였는데 그럼 대대로 노비 집안이었던 겁니까?

억울해　아닙니다. 사실 아버지 때부터 나양반 집안의 노비가 되었습니다.

김딴지 변호사　원고의 아버지는 어떤 사람이었습니까?

억울해　아버지 이름은 억삼이입니다. 1696년(숙종 22) 대기근 때

굶주림에 시달리다가 부모를 모두 잃었습니다. 겨우 혼자 살아남아 거리를 떠돌다가 나양반의 할아버지인 나정승 손에 목숨을 구했다고 합니다. 아버지는 일명 '유기아수양법(遺棄兒收養法)'에 의해 나정승 집의 노비가 되었다고 합니다. 아버지는 원래 양인이었어요. 당시 대기근만 없었더라도 남의 집 노비는 되지 않았을 것입니다.

이대로 변호사　　판사님, 제가 잠시 원고에게 신문을 해도 되겠습니까?

판사　　허락하겠습니다.

이대로 변호사　　원고에게 묻겠습니다. 아버지가 양인이었다고요? 원고의 아버지가 양인이었다는 증거가 있습니까?

억울해　　아닙니다. 증거는 없지만 아버지께서 평소에 그렇게 말씀하셨습니다. 그 당시 양인들 중에서도 흉년이나 자연재해 때문에 버려지는 아이들이 많았습니다. 나라에서는 고아가 되거나 부모로부터 버림받은 아이들이 죽는 경우가 빈번해지자 인구 증가를 위해 흉년이나 재해를 당해 버려진 아이들을 데려다 키웠을 경우, 그 아이에 한해 노비로 삼을 수 있다는 조치를 취했는데 그것이 바로 유기아수양법입니다. 아버지도 그렇게 나정승 집의 노비가 된 것입니다.

이대로 변호사　　판사님. 억울해는 증거도 없이 거짓을 주장하고 있습니다. 설령 억삼이가 양인 출신이었다고 하더라도 억삼이는 법적으로 정당하게 노비가 된 것입니다. 먹지 못해 죽어 가던 억삼이를 살린 사람이 바로 나정승입니다. 그 증인이 바로 나양반 집의 계집종이었던 부월이입니다. 부월이가 바로 억삼이를 살려 낸 인물입니다. 부월이를 증인으로 신청합니다.

판사   좋습니다. 증인 부월이는 증인석으로 나와서 선서해 주세요.

부월이   나는 진실만을 말할 것이며, 거짓을 말할 경우에는 어떠한 처벌이라도 달게 받겠습니다.

이대로 변호사   본인 소개를 부탁드립니다.

부월이   나는 나양반 집에서 살았던 늙은 계집종입니다. 태어나서 죽을 때까지 나양반 집의 노비였기 때문에 그동안 그 집안에서 일어났던 일들은 모두 보았습니다.

이대로 변호사   억삼이를 언제 처음 보았습니까?

부월이   억삼이는 날이 막 더워지는 5월 말쯤 거지꼴로 나타났습니다. 나이는 열 살이라고 하는데 못 먹어서 그런지 여섯 살 정도로 보였어요. 몸에 상처도 많았지요. 생명이 위태롭던 억삼이를 주인님이 집으로 데려와 살려 주었습니다.

이대로 변호사   그 이후 억삼이는 나양반의 집에서 어떻게 살았습니까?

부월이   억삼이는 참 부지런했습니다. 물도 데우고, 산에 가서 나무도 해 왔습니다. 억삼이는 글을 몰랐지만 눈치가 빨라 나정승 대감이 참 귀여워했습니다. 어디를 가거나 데리고 다녔지요. 억삼이가 스무 살이 넘어가자 주인님이 짝을 구해 주려 했어요. 마침 같은 마을에 양인인 김파초라는 여자가 있었습니다. 김파초는 양인이었지만 집이 워낙 가난하여 노비와 결혼하게 되었지요. 주인집에서는 좋아했습니다. 국가에서는 노비와 양인 여자가 결혼하는 것을 금지했지만 노비를 늘릴 수 있어 양반들이 적극적으로 이용했어요. 두 사

공명첩
나라가 어려울 때 돈이나 곡식 등을 받고 부유한 사람들에게 관직을 부여하기 위해 발급해 주었던 임명장입니다. 이름 그대로 '이름이 비어 있는 문서'이기 때문에 이름을 적는 칸이 비어 있으며, 이 문서를 산 사람은 실제 업무는 보지 않고 이름만 행세하였습니다.

람은 결혼한 지 1년 만에 아들인 억울해를 낳았어요. 어머니가 양인이었어도 아버지가 노비였기 때문에 억울해는 노비가 되었습니다.

김딴지 변호사　판사님, 이의 있습니다. 혹시 '노비종모법'을 아십니까? 노비종모법이란 노비의 신분과 소유권을 규정하는 것으로 어머니가 노비이면 자식도 노비, 어머니가 양인이면 자식도 양인이 된다는 법입니다. 또한 여자 노비가 낳은 자식에 대한 소유권도 여자 노비의 주인한테 있습니다. 따라서 억울해의 어머니는 양인이기 때문에 그 또한 양인입니다.

이대로 변호사　모르시는 말씀입니다. 조선 후기 남자 노비가 양인 여성과 혼인해서 낳은 아이는 남자 노비의 주인이 가졌습니다. 나라에서는 양인의 수를 늘리려고 종모법을 만들었지만 현실에서는 잘 지켜지지 않았습니다. 조선 후기에 이르면 노비에 가해지던 신분적 제약이 상당히 완화되었고, 돈을 내거나 군대에서 복역하거나 **공명첩**을 매입하는 등의 방법을 통해 노비 신분에서 벗어날 수 있는 길이 많았습니다. 특히 임진왜란이 노비의 신분 해방의 큰 계기가 되었습니다. 그러나 합법적인 방법은 대체로 능력 있는 극소수의 노비만이 사용할 수 있었고, 대다수의 노비는 도망함으로써 신분에서 벗어나려 했습니다. 결국 종모법을 유지하기는 불가능했습니다.

　원고 측에서 별다른 반론이 없으면 증인 부월이에게 계속해서 묻겠습니다. 억삼이는 평소에 자신이 양인이었다는 소리를 한 적이 있습니까?

부월이　언젠가 한번은 억삼이와 행랑채에 모여 새끼를 꼬면서 옛날이야기를 한 적이 있었어요. 그때 얼핏 자신의 부모가 양인이었다고 이야기했는데 모두들 웃고 말았지요. 증명할 길도 없는 과거를 꾸며 낸들 누가 믿겠습니까?

이대로 변호사　나정승 대감이 그렇게 아꼈다면 억삼이는 다른 노비와 좀 다른 생활을 했나요?

부월이　아마 정확히는 몰라도 돈을 좀 모았을 거예요. 억삼이가 워낙 부지런했어요. 억삼이 부부는 거의 주인집에서 주는 옷과 음식 외에는 아무것도 사용하지 않아 짠돌이라고 소문이 나 있었습니다.

아마 돈을 모아 억울해를 편안하게 해 주려고 했던 것 같습니다.

이대로 변호사　　조선 시대 노비들도 개인 재산을 가질 수 있었습니까?

부월이　　당연하죠. 몸은 주인에게 매여 있지만 어떤 노비들은 기와집도 사고, 땅도 많이 소유할 수 있었습니다. 세상이 달라지고 있었습니다. 돈만 있으면 무엇이든지 할 수 있게 될 정도였으니까요. 아마 억삼이도 그런 생각을 했던 것 같습니다. 우리가 보기에도 억울해는 노비로 살기에 아까운 인물이었어요. 몸도 크고 잘생긴 데다 총명했어요.

이대로 변호사　　억울해의 아버지인 억삼이는 계속 솔거노비로 나양반 집에서 거주했습니까?

부월이　　아닙니다. 억삼이는 김파초와 결혼하고 나서 대감 집에서 조금 떨어진 마을에서 농사를 지었습니다. 그는 주인과 따로 살면서 일 년에 면포 2필씩을 갖다 바쳤습니다. 그래서 억삼이는 노비였지만 자기 집과 토지가 있었습니다. 노비라는 신분만 문제가 되었지 다른 노비에 비해 생활이 좀 편했습니다. 하지만 자주 주인집에 와서 일을 했습니다. 억삼이가 나정승을 잘 보필해서 대감님이 억삼이를 신뢰했지요.

이대로 변호사　　억삼이는 나정승에 이어 나양반도 모셨나요?

부월이　　그렇습니다. 대감님에 이어 아드님도 모시다가 억삼이가 나이가 많아지면서 억울해가 여러 가지 일을 대신 도맡아 했습니다. 나정승 대감님도 억울해가 총명한 것을 알고는 늘 예뻐했어요.

이대로 변호사　　나정승이 죽고 나서 억울해는 어떻게 되었습니까?

부월이　　달라질 게 뭐가 있겠습니까. 주인집 형편이 어려워지면서 나양반 주인님이 억울해를 찾는 횟수가 좀 줄었지만 여전히 주인집을 오가면서 일을 했지요.

이대로 변호사　　나양반의 형편이 왜 어려워졌나요?

부월이　　처음에는 생계에 지장이 없었으나 나정승 대감이 오랫동안 병을 앓자 병구완을 하면서 형편이 어려워졌습니다. 게다가 전염병과 대기근 등 자연재해가 연달아 일어나고 몇 명의 노비가 도망을 가면서 타격이 컸습니다. 나양반 어른께서 과거 시험에만 합격했더라도 그렇게까지 심각한 상황은 벌어지지 않았을 것입니다. 물론 과거에 합격했더라도 살림이 금방 나아지진 않았겠지요.

이대로 변호사　　판사님, 여기서 당시 사회 상황에 대해서는 제가 짧게 말씀드리겠습니다.

판사　　좋습니다.

이대로 변호사　　그 당시에는 양반 수가 전체 인구의 80퍼센트 가까이 되니 과거에 합격한다고 해도 관직에 나아가기가 힘들었습니다. 또한 임진왜란이라는 7년에 걸친 전쟁은 조선 사회에 참 많은 변화를 가져왔습니다. 국토는 황폐해졌고, 양반들보다 하층민들이 많이 죽음을 당했습니다. 조선은 원래 사농공상(士農工商)이라 하여 장사하는 사람을 천시했는데, 전쟁 중에 고향을 떠난 사람들이 물건을 만들어 팔거나 장사를 하기 시작했습니다. 그들은 돈을 많이 벌었고, 그 돈으로 땅을 사들였습니다. 신흥 부자들이 생긴 것입니다. 당시 어떤 장사꾼은 전국에 1,000개 이상 되었던 5일장을 다니면서 돈

추쇄관
도망간 노비를 잡아 주인에게 되
돌려 주는 일을 추쇄라고 하고,
그런 일을 맡아 하는 사람을 추
쇄관이라 합니다.

면천
천민의 신분에서 벗어나 평민이
되는 것을 말합니다.

을 모아 부농이 되었습니다. 심지어는 전쟁 후에 황무지를
개간하여 부자가 된 경우도 많았습니다. 그런데 양반들은
여전히 체면을 중시하며 책만 읽다 보니 종국에는 나라에
곡식을 꿔다 먹어야 되는 형편이 된 것입니다. 증인, 나양
반 댁도 그렇게 점점 살림이 어려워진 것 아닙니까? 또 주
인집 형편이 어려워져 힘들어지니까 원고 억울해도 도망
간 거 아닙니까?

부월이　그렇지요. 맞습니다. 그런데 억울해의 경우는 도망갔다는
이야기와 주인님이 노비에서 벗어나게 해 주었다는 소문이 무성했
지요. 사실 처음에는 억울해가 도망간 줄도 몰랐어요. 주인님이 평
소대로 생활했기 때문이죠. 우리 주인님은 참 양반입니다. 자신을
배신하고 도망간 억울해를 욕하지도 않았어요. 검은 머리 짐승은 잘
해 주는 것이 아닌데 말입니다.

판사　노비가 도망갔는네 주인집에서는 찾지 않았습니까?

부월이　그때 저희들도 참 이상했습니다. 주인님은 억울해가 사라
졌는데도 불구하고 굳이 사람을 시켜 찾아오라는 이야기를 하지 않
았습니다.

김딴지 변호사　판사님, 당시에는 노비 한 명만 사라져도 **추쇄관(推
刷官)**을 보낼 때입니다. 노비가 사라졌는데도 찾지 않은 것은 나양반
이 돈을 받고 억울해를 풀어 주었다는 증거입니다.

판사　그럼 억울해가 **면천**되었다는 뜻입니까? 그렇게 면천되는
것을 국가가 용납했습니까?

김딴지 변호사　　네. 조선 후기 노비들이 합법적으로 면천하는 길이 많았습니다. 그 방법으로 일정액을 내면 노비 신분에서 벗어나게 해 주는 납속면천(納粟免賤), 전란이 일어났을 때 공적을 세우거나 나라에 공로를 세운 노비를 그 신분에서 벗어나게 해 주던 군공면천(軍功免賤)과 공로면천(功勞免賤), 부유한 노비가 다른 노비를 사서 자신의 자리에 넣고 자신은 양인으로 상승되는 대구속신(代口贖身) 등이 제도화되어 있었습니다.

납속면천은 임진왜란 때 군량미 부족을 보충하기 위해 널리 시행

납속액

조선 시대에 나라의 재정난 타개와 구호 사업 등을 위하여 곡물을 나라에 바치게 하고 그 대가로 벼슬을 주거나 면역 또는 면천해 주던 일을 납속이라 하는데, 그럴 때 내는 가격을 말합니다.

신공

장정에게 부과하던 공물로 조선 시대에는 신역(身役) 대신에 삼베나 무명, 모시, 쌀, 돈 따위로 납부하던 세금입니다.

되었고, 조선 후기에 들어와서는 흉년에 재원을 마련하기 위해 실시되었습니다. 즉, 재력이 있는 노비는 누구나 면천하여 신분 상승을 할 수 있었죠. 우스운 이야기이지만 조선 후기로 갈수록 납속액이 낮아졌죠. 군역은 원래 양인들이 담당했는데 양인의 수가 줄어들자 나라에서는 노비들의 입대를 권장하기 위해 군공면천을 시행했습니다. 그러나 신공과 군역의 이중 부담으로 고역이 너무 심하여 노비들의 호응을 얻지 못했지요. 또 노비에게 군역을 지게 한 뒤 무술 연마를 장려하고 이를 시험하여 성적이 우수한 자에게 면천을 허가하기도 했습니다. 이외에 부유한 노비가 다른 노비를 사서 대신 충당하고 자신은 면천되는 것이 대구속신이었죠. 노비에서 벗어나는 길은 이렇게 많았습니다. 문제는 모두 돈이었죠. 돈만 있으면 언제든지 노비에서 벗어날 수 있었습니다.

이대로 변호사　원고 측 변호인의 말대로 국가에서 노비에게 면천 기회를 주는 경우도 있었지만 대부분의 노비들은 불법적으로 노비 신분에서 벗어나는 방법을 택했습니다.

판사　노비가 양반에게 저항했다는 이야기입니까?

이대로 변호사　당시 노비들이 도망가거나 신분을 꾸며 대지 않더라도 주인의 말을 잘 듣지 않거나 공납을 거부하는 경우가 많았습니다. 일부 궁핍하고 힘없는 주인들은 도망간 노비를 추쇄하거나 신공을 제대로 거두지 못했어요. 주인집에서 멀리 떨어져 사는 노비에게 찾아가 신공을 거두러 하면 반항하기나 심지어 주인을 살해하는 성우도 있었어요.

판사   노비들이 주인을 죽인 경우도 있었다고요?

이대로 변호사   네. 노비들은 주인을 살해하거나 선비들을 구타하거나 양반집 부녀자를 겁탈하는 짓 등을 저지르기도 했습니다.

판사   나라의 법이 지엄한데 어떤 노비가 겁도 없이 주인을 살해했다는 말인가요?

이대로 변호사   노비가 주인을 살해하는 경우는 대부분 개인적인 원한 때문이었습니다. 주인이 자기 부모나 형제에게 해를 입히거나 죽인 경우에 그런 일들이 발생했습니다. 또 주인이 처를 빼앗아 첩으로 삼는 경우도 있었습니다. 신공을 가혹하게 수취하는 경우에도 불상사가 발생했죠.

판사   개인적인 원한이 없는 경우에도 저항했습니까?

이대로 변호사   ▶네. 노비들이 도망하여 도적 무리에 가담하는 경우가 있었습니다. 그 유명한 '장길산'이 대표적입니다. 또한 노비가 역모나 각종 민란에 가담하여 지배 체제에 적극적으로 항거하는 경우도 있었습니다.

김딴지 변호사   모든 노비들이 안정된 사회 체제를 무너뜨리려 한 것은 아닙니다. 많은 노비들이 고통과 억울함 속에서도 자신의 일을 묵묵히 했습니다. 여기 본 법정에 서 있는 억울해도 마찬가지입니다. 원고는 모든 일에 최선을 다해 살았습니다. 이 부분에 대해서 제가 지금부터 자세히 설명드리겠습니다.

교과서에는

▶ 세도 정치 하에서 관리의 기강이 무너지면서 관직을 사고 파는 일이 일반화되었습니다. 뇌물을 주고 관리가 된 사람들은 그 대가를 백성으로부터 거두어들이려고 하여 농민들은 몹시 고통을 받았습니다. 처음에 농민들은 소극적인 방법으로 저항하였으나 사정이 개선되지 않자 관아를 습격하거나 탐관오리를 폭행하는 등 과격한 방법을 동원하였습니다.

3

노비의 생활은
어땠을까?

판사　그동안 원고와 피고의 논쟁을 살펴보면, 원고 측에서는 억울해가 원래 양인이었는데 노비로 생활하다 나양반에게 돈을 주고 노비에서 벗어났다는 것이군요. 반면에 피고는 원고가 원래 양인이었다는 확실한 증거가 없으므로 그가 노비였음이 분명하고, 자신은 원고를 풀어 준 적이 없으니 그가 몰래 도망친 거라고 주장했습니다. 자, 그럼 지금부터는 원고와 피고가 당시 얼마나 다른 생활을 했는지 살펴보는 게 좋을 것 같습니다. 그래야만 원고가 피고의 집에서 도망칠 만한 이유가 있었는지 가늠할 수 있을 테니까요. 그럼 어느 측에서 먼저 변론하시겠습니까?

김딴지 변호사　판사님, 제가 먼저 피고에게 질문하겠습니다. 피고의 할아버지가 나정승임을 누구나 다 알고 있습니다. 나정승은 과거에 정승까지 하신 분인데 사는 형편은 어떠했습니까? 기와집에 살면서 비단옷만 입고 고기만 먹었겠지요?

나양반　꼭 그런 것은 아니지만 형편이 괜찮았습니다. 물론 사계절에 맞추어 옷을 해 입으려면 어려운 점도 있었습니다. 옷감은 당시에 화폐처럼 사용되었기 때문에 귀했습니다. 양반일지라도 비단옷을 마음대로 입은 것은 아닙니다. 왜냐하면 옷감을 짜고, 염색하고, 바느질을 하는 일 등은 모두 집에서 노비들이 해 주어야 가능했기 때문입니다. 물론 돈을 주고 옷을 살 수도 있었지만 일반적으로 여름에는 모시옷을 해 입고, 겨울에는 솜을 넣은 비단옷을 만들어 입었습니다. 그러나 사치를 부리지는 않았습니다.

김딴지 변호사　억울해도 비단옷을 입었습니까?

나양반　아닙니다. 노비들은 비단옷을 입을 수 없었습니다. 주로 삼베옷을 입었는데 여름에는 시원했을 겁니다.

김딴지 변호사　삼베옷이 여름에 시원하다고 하셨는데 맞습니다. 그러나 한겨울에 얇고 바람이 숭숭 들어오는 삼베옷을 입고 험한 일을 하면 얼마나 고생스러운 줄 아세요? 게다가 속옷을 제대로 갖춰 입기가 어려웠으니 굉장히 추웠을 겁니다. 입는 것은 그렇다 치고, 그럼 먹는 것은 어떠했습니까? 하루에 몇 번 식사를 하며, 무엇을 주로 먹었나요?

나양반　음식을 담당하는 노비를 따로 두고 계절에 맞춰 음식을 만들어 먹었습니다. 밥은 겸상을 하지 않고, 혼자 먹었습니다. 그릇도 각자 정해진 그릇과 수저를 사용했고요. 나는 하루 세 번 식사를 했습니다. 아니 네 번에 가깝지요. 일찍 일어나 공부하기 때문에 새벽에는 흰죽을 끓여 먹곤 했습니다. 흰죽을 먹을 때는 젓갈, 김치, 간장과 함께 먹었습니다. 보통 식사 때 반찬으로는 고기, 생선, 나물, 국과 찌개 등을 먹었습니다. 물론 요리는 담당 노비가 해 주었지요. 집에서 모든 것을 직접 길러서 먹는 것이 아니라 친인척, 이웃, 동료, 지방관들이 보내 준 것이 더 많았습니다. 그 외에 필요한 것은 시장에서 사 왔습니다.

김딴지 변호사　친인척이나 지방관들은 주로 어떤 물품을 보내 주었나요?

나양반　고기, 생선, 채소, 양념부터 쌀, 콩 등의 곡식까지 다양합니다. 하지만 남을 만큼 많은 양을 받는 건 아닙니다. 다만 제사나 잔치가 있으면 잘 먹곤 했습니다. 제사를 지내고 나면 고기나 술, 과자 등을 집안 노비들에게 나눠 주기도 했습니다.

김딴지 변호사　노비들도 그렇게 마음껏 밥을 먹을 수 있었습니까? 양반보다 해야 할 일이 많으니 당연히 푸짐하게 먹었겠지요?

나양반　나는 데리고 사는 노비들을 절대로 굶기지 않았습니다. 비록 변변찮은 반찬이나마 끼니마다 꼬박꼬박 챙겨 주었습니다.

억울해　그렇지 않습니다! 나는 노비 생활을 하면서 마음껏 먹어 본 적이 없었습니다. 아침, 저녁으로 대충 먹을 것을 몇 가지 넣고 끓인 것을 바가지에 담아 먹었습니다. 음식량도 적어서 늘 허기를 참아 가며 일을 했습니다. 아마 먹고 싶은 것을 다 먹었더라면 키도 지금보다 훨씬 더 크고 몸도 더 좋았을 것입니다.

　왜 조선 시대에는 양반과 노비가 있었을까?

판사　원고, 이런 식으로 불쑥 재판에 끼어들면 안 됩니다. 주의해 주세요.

억울해　네, 죄송합니다. 너무 억울해서 그만…….

김딴지 변호사　판사님, 원고가 할 말이 많은 것 같습니다. 원고에 게 발언할 수 있는 기회를 주십시오.

판사　좋습니다. 피고 측 변호인, 피고에게 더 이상 질문할 거리가 없으면 원고를 신문하도록 하세요.

김딴지 변호사　알겠습니다. 원고는 어디에서 살았습니까? 나양반 집에서 같이 살았습니까? 아니면 나가서 따로 살았습니까?

억울해　나는 처음부터 나양반 집에서 살지 않았습니다. 나양반의 기와집은 마을의 가장 위쪽에 있었는데 동네에서 가장 크고 좋았습니다. ▶집은 사랑채, 안채, 행랑채로 나누어져 있습니다. 사랑채에는 나양반을 비롯한 남자들이, 안채는 주인마님이 머물렀습니다. 행랑채에는 나 같은 노비들이 살았는데, 나는 주로 사랑채를 들락날락하면서 일을 했습니다.

이대로 변호사　판사님, 이의 있습니다. 피고의 집이 원고의 말처럼 그렇게 사치스럽지는 않습니다. 할아버지 대부터 살던 집이라 크게 보이는 것뿐입니다. 집을 짓는 데 국가에서 금하는 것은 하지 않았습니다. 집에 단청을 칠하거나 주춧돌 외에 매끈하게 다듬은 돌도 사용하지 않았습니다. 집 칸 수도 그리 많지는 않습니다. 60여 칸에 불과합니다. 게다가 형편이 조금씩 나빠지면서 집을 제대로 가꾸지도 못했

교과서에는

▶ 사랑채는 주인이 머무는 곳으로 주로 독서를 하거나 손님 접대를 하는 곳이고, 안채는 부인이 거주하며 바느질을 하거나 책을 읽는 공간이었습니다.

습니다.

판사   받아들이겠습니다. 시각에 따라 차이가 있어 보일 수 있다고 봅니다. 그럼 원고의 집은 어떠했나요?

억울해   나양반 댁에서 조금 떨어진 곳에 있었습니다. 흙으로 만든 초가집이었지요. 부엌과 방이 2칸 정도 있는 ㄱ자형 집인데, 듣자하니 요즘에는 내가 사는 집 형태가 인기가 많더군요. 웰빙이라고 말입니다. 하지만 살아 보면 고된 일이 참 많습니다. 해마다 지붕을 바꾸어야 하고, 천장에서 뱀이 떨어지기도 했지요.

김딴지 변호사   원고의 집과 피고의 집이 가까웠습니까?

억울해   네. 보통 양반은 노비를 쉽게 부리려고 가까운 곳에 노비를 거주시켰습니다.

김딴지 변호사   존경하는 판사님. 원고와 피고가 설명해 준 양반과 노비의 의식주만 보더라도 두 계층이 얼마나 다른 생활을 했는지 알 수 있습니다. 이렇게 불평등한 관계에도 불구하고 양반들은 노비들에 대한 처우를 개선하려 하지 않고 자신들의 이익을 위해서 물건처럼만 여겼던 것입니다. 이런 취급을 받고 사는데 어느 누가 신분의 굴레에서 벗어나려 하지 않겠습니까? 억울해가 자신의 남은 삶과 자식을 위해 양인이 되려고 한 일은 당연합니다. 이것으로 신문을 마치도록 하겠습니다.

판사   모두 수고하셨습니다. 오늘 재판은 양반과 노비의 삶이 어떠했는지 살펴보고, 원고 억울해가 노비에서 어떻게 벗어났는지를 증인들의 증언을 통해 알아보았습니다.

오늘 미진했던 문제는 다음 주 같은 시간에 열릴 두 번째 재판에서 다시 살펴보도록 하겠습니다. 그럼 첫 번째 재판은 이것으로 마치겠습니다.

땅, 땅, 땅!

왜 조선 시대에는 양반과 노비가 있었을까?

다알지 기자

여러분, 안녕하십니까? 역사공화국 법정 뉴
스의 다알지 기자입니다. 저는 지금 조선의 천민인
노비 억울해와 양반인 나양반의 재판이 진행 중인 현장에 나와 있습니
다. 이번 재판에서는 노비 억울해가 어떤 사연으로 이번 소송을 제기
하게 된 것인지, 그리고 양반이란 신분을 돈을 주고 살 수 있는지에 대
해서 중점적으로 알아보았습니다. 지금 막 첫 번째 재판이 끝이 났다
고 하는데요. 이번 재판의 주인공인 원고 억울해와 피고 나양반을 만
나 보도록 하겠습니다.

억울해

　　나는 오늘 재판정에서 나와 같은 노비들이 억
울하게 살다 간 것은 모두 양반들 때문이라고 거듭
밝혔습니다. 나양반은 양반이라는 이유로 나를 마음대로 부리다가 형
편이 어려워지자 내게 돈을 받고 노비에서 풀어 주었습니다. 그래 놓
고 도망간 노비라니요? 정말 너무 억울합니다. 나는 이 법정에서 정당
하게 양인의 신분을 획득했음을 알리고자 합니다 법원이 올바르게 판
단한다면 당연히 저의 손을 들어 줄 것이라고 생각합니다.

　왜 조선 시대에는 양반과 노비가 있었을까?

나양반

　나는 양반으로 높은 도덕성을 가지고 살아
왔습니다. 나라에 봉사하는 관료가 되기 위해 어렸
을 때부터 자기 수양에 힘썼습니다. 내가 부리던 노비에게 소송을 당
한 것도 평생 공부만 하느라 세상 물정을 너무 몰라 이렇게 된 것 같습
니다. 어지러운 세상에서 양반으로서 체면을 유지하고 사는 것이 얼마
나 어려웠는 줄 아십니까? 양반과 노비는 엄연히 본분이 다릅니다. 각
자의 직분에 맞추어 열심히 살아가는 것이 조선을 위하는 길이었습니
다. 부끄럽지만 이번 소송에서 최선을 다해 내 입장을 밝힐 것입니다.

양반은 왜 과거 시험에 몰두했을까?

1. 노비는 왜 글을 몰랐을까?
2. 과거 시험에는 누가 응시했을까?
3. 양반은 왜 관료가 되려고 했을까?

교과 연계

한국사
II. 고려와 조선의 성립과 발전
  2. 유교 정치의 이상을 꽃피운 조선
   (1) 민본 이념을 구현하기 위한 통치 체제를
      갖추다

1

노비는 왜 글을
몰랐을까?

판사   자, 지금부터 두 번째 재판을 시작하겠습니다. 피고 측 변호인, 먼저 발언하시지요.

이대로 변호사   존경하는 판사님, 원고 측은 피고를 일하지 않고 먹고 노는 조선의 한량이라며 지속적으로 비난했습니다. 하지만 이 자리에 계신 배심원 및 방청객 여러분도 모두 알고 계실 것입니다. 피고와 같은 신분의 사람들이 조선이 제대로 굴러가는 데 얼마나 중요한 일을 했는지 말입니다. 저는 피고가 원고로부터 비난을 받아야 할 사람이 아니며, 여전히 존경받을 만한 인물임을 입증함으로써 원고의 주장이 터무니없는 것임을 밝히고자 합니다.

판사   피고가 조선 사회를 대표하는 인물이라고 말하는 근거는 무엇인가요?

    왜 조선 시대에는 양반과 노비가 있었을까?

이대로 변호사　　조선 시대에는 모든 사람이 지금처럼 글을 배우지 못했습니다. 양반들은 다섯 살이 되면 글을 배웠습니다. 이후 체계적으로 **향교, 서원, 성균관** 등 다양한 교육 기관에서 공부를 할 수 있었습니다. 당시 양반들이 사용하던 글은 한문이었고, 따라서 국가의 공식적인 문서나 시험은 한문으로 작성해야 했습니다. 양반은 하루 일과 중 대부분을 독서로 지식을 얻고, 사색하고 **묵상함**으로써 학자와 관리로서의 소양을 길렀습니다. 이렇게 자질을 갖춘 자들이 사회의 지도자 자리에 있었기 때문에 국가가 잘 운영될 수 있었던 것입니다. 그런데 돈 좀 벌었다고 역량이나 품성이 저절로 생기는 것은 아니지 않습니까?

김딴지 변호사　　무슨 말씀이십니까? 억울해도 배울 기회만 있었다면 충분히 관료가 될 수 있었습니다. 못 배운 것이 얼마나 한이 되는지 모르시죠?

이대로 변호사　　그렇다면 왜 노비라는 신분을 벗어난 사람 중에서 사람들의 존경과 사랑을 받는 인물이 거의 없는 거죠? 그들에겐 배움의 기회도 있었을 텐데 대부분 나라에 이름을 날릴 만큼 큰 인물이 되지 못했습니다. 이는 억울해와 같은 노비 출신들이 원래 머리가 좋지 않거나 게으르기 때문이 아닐까요?

김딴지 변호사　　이의 있습니다. 피고 측은 지금 지나친 인신공격을 하고 있습니다.

판사　　받아들이겠습니다. 피고 측 변호인은 모욕적인 언사는 삼

향교
조선 시대 유학을 가르치기 위해 국가가 각 지방에 설립한 학교입니다.

서원
조선 시대에 뛰어난 학자가 학문을 닦고 인재들을 길러 내기 위해 만든 사립 학교입니다.

성균관
조선 시대 최고의 교육 기관으로 국가를 통치할 우수한 관리를 양성했습니다.

묵상
눈을 감고 말없이 마음속으로 생각하는 것입니다.

가 주세요.

이대로 변호사　네, 주의하겠습니다. 하지만 무조건 양반을 비난하기에 앞서 먼저 조선 사람들의 보편적인 의식 상태를 이해해야 합니다. 조선 시대에 노비는 양반의 재산으로 물건입니다. 그들이 왜 글을 알아야 합니까? 양반에겐 양반만의 직분이, 노비에겐 노비만의 직분이 있습니다. 양반은 백성을 보살피며, 노비는 양반에게 순종하며 일하는 것이 맡은 바 역할이었습니다. 노비는 양반이 시키는 일만 하면 옷도 받고 밥도 얻기 때문에 사는 데 아무런 지장이 없습니다. 교육은 사회 지도층으로 살아갈 양반에게 필요한 것이었습니다. 현실적으로 무지한 백성들을 가르치고 계몽해야 하는 양반들에게는 꼭 필요하죠. 그러나 그저 해가 뜨면 하루를 시작하고, 해가 지면 하루를 마감하는 노비에게 교육은 아무런 쓸모가 없었습니다. 조선은 소수의 엘리트에 의해 움직이고 이들이 다수를 먹여 살렸습니다. 이렇게 중요하고 큰 책임을 떠맡았던 나양반을 사기죄로 고발하는 것은 원고가 조선의 정치와 사회가 어떻게 돌아가는지 무지했기 때문입니다.

판사　그럼 이제 원고 측 변호인이 반론해 주세요.

김딴지 변호사　피고 측 변호인은 참 답답하군요. 돈이 많다고, 신분이 높다고 무조건 큰소리치는 사람이 과연 존경받을 수 있겠습니까? 사회 지도층, 아무나 하는 거 아닙니다. 다른 사람들을 격려하고, 배려해서 성장시키는 사람이야말로 본받을 만한 사람이죠. 그런데 노비는 양반의 말만 잘 들으면 된다니요. 무슨 말씀을 그리 심하게 하십니까? 노비도 인격을 가지고 있는 사람입니다. 그도 글을 열심히 배우면 사회적으로 중요한 인물이 될 수 있습니다.

또한 피고 측 변호인이 기본적으로 조선 사회를 전혀 모르시는 것 같아 안타깝네요. 조선 시대에도 지금처럼 자식 교육에 대한 백성들의 집념과 열의가 대단했습니다. 양반만 자식 교육에 관심을 가진 것이 아니라 노비들도 마찬가지였습니다. 먹고살기 어렵지만 어떻게 해서든지 아이들을 가르치려 했습니다. 조선 후기에는 마을 단위로 계를 만들어 직접 훈장을 초빙하여 아이들을 공부시키기도 했습니다.

판사 노비도 학교에 가서 공부를 할 수 있었다는 말입니까?

김딴지 변호사 아닙니다. 노비들을 위한 학교는 없었습니다. 지금처럼 각종 학원이나 학교가 있었으면 아마 억울해는 저처럼 멋진 변호사가 되었을 겁니다. 조선 시대 국가의 교육 목표는 백성을 교화시키는 일로, 즉 예의를 가르치고 권장하는 일이었습니다. 정치하는 사람들은 백성들이 충과 효를 바탕으로 한 예의를 배우면 왕에게 충성하고, 부모에 효도하며, 어른을 공경하고, 가난하고 외로운 이웃을 돌볼 것이라 생각했습니다. 그래서 사회가 안정되어, 정치는 스스로 이루어진다고 믿었죠. 그러나 이러한 교육 목표는 물건이나 마찬가지인 노비에게는 적용되지 않았습니다.

판사 공식적으로 학문을 배울 수 있는 길이 없었더라도 노비 부모들의 학구열이 대단했다면 글을 읽을 수 있는 노비도 많았겠네요?

김딴지 변호사 아뇨. 실상은 거의 없었습니다. 노비들도 글을 알아야 사람 대접을 받을 수 있다고 인식했으나 현실적으로 그들이 공부할 수 있는 공간은 없었습니다. 노비들은 양반들의 생활을 책임져야 하기 때문에 글을 배우기 어려웠지요. 일부 노비들은 개인의 역량으로 문자를 터득하는 경우가 있었습니다. 대부분 노비 신분에서 벗어나야 공부할 수 있었습니다. 다시 말해 신분 변동을 통해야만 가능한 일이었습니다. 억울해는 아주 특별한 경우였습니다. 노비에서 벗어나려고 아버지 억삼이 때부터 악착같이 모아 놓은 돈이 있었고, 마침 억울해의 총명함을 알아본 옆집 훈장이 글을 가르쳐 주었죠.

이대로 변호사 억울해가 글을 읽을 수 있다고요? 놀라운 일이군요. 그러나 띄엄띄엄 읽을 수 있는 수준은 학문이라 하기 어렵고, 양반의 학식 수준과는 엄청난 차이가 있습니다. 양반들에게 공부는 인생 자체입니다.

판사 양반이라면 누구나 평생 공부에 매진했다는 말씀입니까?

이대로 변호사 아닙니다. 양반이라도 여자에게는 공부할 기회나 관직에 나아갈 기회를 주지 않았습니다.

판사 그래서 모두 아들을 낳으려고 했군요.

이대로 변호사 네. 나양반네 집에서도 나양반을 낳기 전부터 아들을 보기 위해 많은 노력을 했습니다. 조선 사회를 이끌었던 논리가 유교였던 것은 다 아실 겁니다. 유교에서는 조상의 생명이 후손의 몸을 통해 대대로 이어진다고 믿었습니다. 자식을 낳아야 제사도 지낼 수 있었죠. 자식을 얻지 못하면 조상 대대로 내려온 생명을 단절히는 가장 큰 죄를 짓는 셈이었습니다. 그래서 아이를 낳기 위해, 특히 사내아이를 낳기 위해 기도를 많이 했습니다.

김딴지 변호사　　사내아이를 낳기 위해 노력했다는 말은 양성 평등에 어긋나는 말이 아닌가요? 양반은 노비뿐만 아니라 여성에 대한 차별도 심했군요.

이대로 변호사　　너무 민감하게 반응하지 말아 주십시오. 앞서 언급했듯이 조선은 유교 사회였습니다. 유교는 남녀 차별을 조장했던 것이 아니라 단지 바깥일은 남자가, 집안일은 여자가 담당해야 한다는 성 역할 분담을 확고하게 제시하는 이념이었습니다. 어쨌든 지금 이 시간은 유교적 도리에 대해 공부하는 시간이 아니니 본론으로 돌아가겠습니다.

　　조선 시대에 양반들은 아이가 태어나면 성품이 좋고 젖의 양이 풍부한 유모를 골라 아이를 보살피게 했습니다. 아이가 5~6세가 되면 할아버지나 아버지에게 글을 배웠습니다. 물론 한문을 공부했습니다. 양반들은 경제적 여유도 있지만 자신의 신분을 유지하기 위해 한문 공부를 하고 과거에 응시했습니다.

판사　　한문 공부만 한다고 해서 사람다운 사람이 되는 것은 아니지 않습니까?

이대로 변호사　　맞습니다. 양반들은 한문 공부만 한 것이 아니라 여러 가지 인생 공부를 했습니다. 생활 태도나 사람을 대하는 자세 등을 할아버지나 아버지에게 배웠습니다. 즉, 양반은 태어날 때부터 양반으로 태어난 것이 아닙니다. 양반도 다른 사람들처럼 길러지는 것입니다. 다만 웃어른들의 지극한 정성과 교육을 통해 한 사람의 양반이자 사회의 지도자로 성장하는 것입니다. 양반처럼 철저히 교육받지 않으면 사회에 필요한 인물이 될 수 없었습니다. 이런 의미에서 한번 노비는 영원한 노비라고 말했던 것입니다.

김딴지 변호사　억울해는 제대로 된 교육을 받지는 못했지만 글을 읽을 수 있어서 당시 인기를 끌던 『춘향전』,『흥부전』,『심청전』 등의 소설을 읽으며 사회가 어떻게 돌아가는지 알고 있었습니다. 법으로 노비들의 과거 응시를 금지하지 않았다면 억울해도 과거 시험에 합격하여 인생 역전을 했을 겁니다.

판사　원고 측 변호인은 계속해서 억울해가 글을 읽을 수 있었다고 주장하는 데 증인 있습니까?

김딴지 변호사　있습니다. 바로 억울해와 같이 일했던 노비 쇠똥이입니다.

판사　그럼 원고 측 증인은 증인석으로 나와 주세요.

쇠똥이　선서! 나 쇠똥이는 진실만을 말할 것을 선서합니다.

판사　자기소개 부탁드립니다.

쇠똥이　나는 나양반 집의 솔거노비로 억울해와 같이 일했습니다. 나는 공부를 한 적이 없어 글을 전혀 읽을 줄 모릅니다. 나는 주로 나무를 하거나 농사일을 했습니다.

김딴지 변호사　나와 주셔서 대단히 감사합니다. 증인은 억울해가 글을 읽는 것을 본 적이 있습니까?

쇠똥이　처음에는 억울해가 글을 읽을 수 있는 줄 몰랐습니다. 어느 날 억울해가 재미있는 이야기를 해 준다면서 노비들을 불러 놓고

『춘향전』을 읽어 주었습니다.

김딴지 변호사　　억울해는 하루 중 언제 책을 읽었습니까? 노비 생활이 너무 고되 책을 읽을 시간이 없었을 것 같은데요.

쇠똥이　　물론 한낮에는 농사일이나 주인집 일을 하기에 바빴지만 한밤중이라도 짬을 내어 틈틈이 책을 읽는 것 같았습니다. 책을 읽은 다음 날에는 소설 내용을 꼭 우리에게 이야기해 주었습니다. 억울해는 말재주가 뛰어나고 명민하여 정말 인기가 좋았습니다. 모두

결국 백성의 피를 짜내던 변학도가 이몽룡과 백성의 봉기로 쫓겨나게 되었습니다!

들 억울해가 양반으로 태어났으면 큰 인물이 되었을 거라고 이야기하곤 했습니다.

김딴지 변호사　쯧쯧. 그러니까 억울해는 노비라는 신분 때문에 큰 인물이 되지 못한 안타까운 사람이군요. 그럼 증인은 억울해가 글을 안다고 해서 피고인 나양반을 함부로 대하거나 거드름을 피우는 경우를 본 적이 있습니까?

쇠똥이　아닙니다. 노비가 어디 감히 그럴 수 있습니까! 말도 안 되는 소리지요! 다만 눈빛이 점점 달라지고 미래에 희망이 있다고 생각하는 것 같았어요.

김딴지 변호사　좀 더 자세히 말씀해 주시겠습니까?

쇠똥이　처음에는 자신의 처지에 불만을 품었지요. 왜 노비는 태어나면서부터 노비가 되어야 하는지, 노비와 양반의 다른 점이 무엇인지, 무능력한 양반과 관료 때문에 언제까지 고통받으며 살아야 하는지에 대해 말하며 종종 울분을 터뜨리곤 했습니다. 당시에는 애정 소설이나 효녀 소설도 많았지만 『춘향전』이나 『홍길동전』같이 기생의 딸이 양반과 이루어지고, 서얼 신분이 빈민을 도와주고 탐관오리들을 척결하는 내용의 책도 많았습니다. 그런 책을 읽다 보니 현실도 비판하게 되고, 지배층에 대한 반발심이 생겼겠지요. 그와 동시에 하루하루 살아가기 바쁜 우리와 달리 미래를 꿈꾸기도 했습니다. 그러나 노비에게 꿈이라는 것 자체가 헛된 망상일 뿐이죠. 노비가 무슨 힘이 있습니까. 아는 것이 많아지면 고생만 늘 뿐입니다.

김딴지 변호사　판사님, 원고가 여러 가지 책을 읽으면서 인권에 대해 자각한 것 같습니다. 그러나 교만해지거나 일을 태만하게 하지도 않았음을 알 수 있습니다. 이 점을 깊이 생각해 주십시오.

이대로 변호사　잠깐만요. 우리 모두 잠시 생각할 것이 있습니다. 바로 억울해가 사라졌다는 점입니다. 증인은 억울해가 없어졌다는 것을 언제 알게 되었습니까?

쇠똥이　당시 나양반은 오랫동안 과거 시험을 준비했지만 매번 낙방했습니다. 결국 가세가 점점 기울어 재산을 정리하기 시작했습니다. 그즈음 억울해도 보이지 않았습니다. 처음에 우리는 나양반이 억울해를 멀리 심부름 보냈다고 생각했습니다. 나양반이 돈을 받고 억울해를 풀어 주었다고는 생각하지 못했습니다.

이대로 변호사　그동안 억울해가 어떻게 살았는지 들은 바가 있습니까?

쇠똥이　억울해 말로는 나양반네 토지에서 거둔 곡식을 사고팔던 경험을 살려 장사를 하면서 살았다고 합니다. 노비가 아닌 양인으로 나라에 세금까지 내면서 아이를 키웠고요. 슬하에 두 명의 아이를 두었는데 모두 영특해서 과거 시험도 치렀다고 했습니다.

판사　알겠습니다. 수고했습니다. 자리에 돌아가셔도 좋습니다.

2 과거 시험에는
누가 응시했을까?

이대로 변호사   억울해는 자신의 자식도 과거 시험을 보았다고 주장하는데, 과거 시험은 아무나 치를 수 있는 것이 아니었습니다. 증인인 이황 선생님을 다시 불러 조선 시대 과거 시험이 어떤 과정을 거쳐 진행되는지 설명을 들어 보고 싶습니다.

판사   좋습니다. 증인은 앞으로 나와 주세요.

이황   과거 시험 친 적이 없으면 말을 하지 마세요. 해 본 사람만 압니다. 얼마나 힘든지. 사람들은 나를 천재로 여기지만 나도 세 번이나 과거에 떨어졌습니다. 34세에 겨우 합격할 수 있었다니까요! 흠흠! 미안합니다. 잠시 흥분했군요. 과거 시험은 보통 30년 가까이 준비해야 합격할 수 있었습니다. 조선 초기에는 과거 시험 합격자의 평균 나이가 30세 정도였습니다. 다섯 살에 천자문에 입문해서 25년

왜 조선 시대에는 양반과 노비가 있었을까?

가까이 공부해야 합격이 가능하다는 말입니다. 이것도 조선 후기로 가면 5년가량 더 늦어져 35세 정도가 되어서야 합격할 수 있었습니다. 과거는 그 정도로 힘든 시험입니다.

이대로 변호사　　그렇게 힘든 과거 시험을 왜 치릅니까? 차라리 사업을 하는 것이 더 낫지 않습니까?

이황　　아닙니다. 양반은 과거를 통과해야만 집안의 체면과 생계를 유지할 수 있는 길이 생겼습니다. 관료로 가는 가장 안전한 방법도 과거였고요. 그 때문에 양반집 아들은 철저한 훈련을 받았습니다. 우선 집에서 글을 깨친 후 향교나 서원에서 공부하여 소과에 응시했습니다. 소과에 합격한 생원·진사들만 오늘날 대학인 성균관에 입학할 수 있었습니다.

이대로 변호사　　성균관에 들어가면 출셋길을 보장받는 셈인가요?

이황　　아닙니다. 당시 성균관에서는 주로 과거 문과 시험에 대비한 공부를 했습니다. 성균관 정원은 200명에 불과했습니다. 요즘은 한 해에 수십만 명이 대학에 입학하지 않습니까? 그때는 성균관에 들어가기도 어렵지만 들어가서도 열심히 공부해야 했습니다.

이대로 변호사　　성균관에 들어가면 혜택이 있었습니까?

이황　　네. 성균관에서 공부하는 학생들은 따로 시험을 칠 기회가 많았습니다. 왕이 수시로 성균관에 행차하여 성균관생을 대상으로 시험을 치르기도 했습니다. 국왕이 문묘에 가서 제례를 올릴 때 성균관 유생들에게 실시하는 비정규적인 과거 시험인 알성시도 있었습니다. 이러한 시험에서 합격한 성균관생들은 3년마다 치르는

식년시
조선 시대에 3년마다 정기적으로
시행된 과거 시험입니다.

증광시
임금이 새로 등극하는 등 나라
에 큰 경사가 생겼을 때 임시로
실시한 과거입니다.

식년시나 국가나 왕실에 경사가 있을 때 실시한 증광시의 문과 급제자와 동등한 자격을 얻었어요. 심지어 성적이 우수한 학생들은 시험을 치르지 않고 바로 관리로 채용되기도 했습니다. 당시 학생들은 정말 공부를 열심히 했습니다. 어떤 학생들은 공부에 너무 매진하다 죽는 경우도 있었습니다.

"공부하다가 죽는다고?"

판사를 비롯해 방청객들은 모두 놀란 표정을 지었다.

"얼마나 열심히 공부했기에 죽는 경우가 생겼을까? 내 자식도 그렇게 한번 공부해 주면 소원이 없겠네."

이대로 변호사 　성균관에 가지 않고 개인적으로 공부해도 과거 시험에 응시할 수 있습니까?

이황 　생원·진사 시험에 합격하고 나면 3년마다 실시하는 식년시에 응시할 수 있었습니다.

이대로 변호사 　어떤 사람이 과거 시험에 응시할 수 있었나요?

이황 　원칙적으로는 양인 이상이면 누구나 과거 응시가 가능합니다. 그러나 실상 양인이 과거에 응시하기는 쉽지 않았습니다. 왜냐하면 오랫동안 돈을 벌지 않고 공부만 하기에는 경제적으로 어려움이 많았기 때문입니다. 시험을 보려면 종이, 붓, 먹 등도 직접 마련해야 합니다. 한성의 돈이 많은 좋은 가문의 자제들은 두껍고 좋은 종이를 사서 쓰는 경우가 많았습니다.

이대로 변호사 그렇다면 부유한 양인이라면 누구나 과거 시험을 칠 수 있었겠네요?

이황 아닙니다. 과거 시험지에는 쓸 게 많았습니다. 응시자들은 시험지 윗부분이나 끝 부분에 본인의 관직, 이름, 나이, 본관, 거주지를 적어야 합니다. 이어 아버지, 할아버지, 증조할아버지, 외할아버지의 이름과 본관을 다섯 줄로 씁니다. 만약 응시자들이 본인이나 4조의 기록을 격식대로 적지 않거나 틀리게 적으면 합격하더라도 명단에서 뺐다가 한참이 지나서야 회복시켜 주었습니다. 실수로 틀리게 적은 경우에 나중에는 회복시켜 주었으나 족보를 위조했거나 사들인 경우에는 불합격 처리되었습니다. ▶또한 왕의 이름이나 불교, 도교 등 이단시되는 종교에서 사용되는 문자는 사용할 수 없었습니다. 조선은 유교 사회여서 시험 문제도 유교 경전에서 출제했는데 다른 논리를 가진 사람은 뽑지 않았던 것이죠.

이대로 변호사 그럼 억울해의 자식들은 과거에 응시할 수 없었겠네요?

이황 네. 4대조를 확인하기 어려운 노비는 과거를 볼 수 없습니다.

이대로 변호사 노비가 아니어도 과거에 응시할 수 없는 경우가 있었나요?

이황 예, 그렇습니다. ▶▶『경국대전』을 보면 국가 관료

교과서에는

▶ 과거 시험은 유교 경전을 읽고 그 뜻을 풀이하는 시험도 있었고, 유교 경전의 내용을 바탕으로 자기의 생각을 글로 써내는 시험도 있었습니다. 이처럼 조선 시대에는 유교의 가르침을 가장 중시하였습니다.

▶▶ 성리학을 바탕으로 하는 조선에서는 여성의 재혼을 금지하였습니다. 『성종실록』을 살펴보면 "믿음은 부인의 덕이니, 한번 함께하였으면 종신토록 고치지 않는다"라고 하였습니다. 또한 재가한 여자의 자손은 사족의 명분에 나란히 하지 못하게 하여 풍속을 바르게 하라고 말하고 있습니다.

가 될 수 있는 자격을 박탈당한 범죄자, 국가 재산을 횡령한 자의 아들, 두 번 시집갔거나 행실이 나쁜 여자의 아들과 손자, 첩 소생의 자손 등은 과거에 응시할 수 없었습니다.

이대로 변호사　　그렇게 까다로운 과거 시험은 몇 번이나 열렸나요?

이황　　과거 시험 종류로는 문과, 무과, 잡과 등이 있었습니다. 그 가운데 가장 인기가 있는 것은 역시 문과였습니다. 조선 시대 전체를 통틀어 문과 시험은 804회 열렸습니다. 이 804회에 걸쳐 1만 5,000여 명이 배출되었습니다. 3년에 한 번 정기적으로 행해지는 과거 시험인 식년시는 그 전해에 치른 초과에 통과한 사람들만이 응시할 수 있었는데 33명만 뽑아서 경쟁이 굉장히 치열했습니다. 식년시에 합격한 사람의 50퍼센트 이상이 서울에 사는 돈 많은 고위 관직자의 아들이었습니다. 다시 말해 과거에 급제하는 것은 하늘의 별 따기였습니다. 합격한 33명은 등수를 매겼는데 성적이 좋은 순서대로 갑, 을, 병과로 나누었습니다. 갑과에 3명, 을과에 7명, 그 나머지는 병과에 배정되었습니다. 우리가 흔히 말하는 장원 급제자는 전체 수석인 갑과 1등을 의미합니다. 성적이 좋은 자는 다른 급제자에 비해 높은 품계를 받고 요직에 등용되었습니다.

이대로 변호사　　과거 급제가 하늘의 별 따기였다는 말씀은 장원 급제가 아니더라도 합격 자체만으로도 큰 의미가 있다는 것인가요?

이황　　네. 조선 시대 과거 합격증이야말로 양반이라는 것을 보증하는 보증서와 같습니다. 과거에 합격하면 관직에 나아가 입신양명할 수 있는 기회가 생깁니다. 또한 과거에 합격한 가문은 양반 신분을 유지할 수 있었습니다. 만약 4대 조상으로부터 자신에 이르기까지 과거 합격자를 한 명이라도 배출하지 못하면 양반 신분에서 탈락될 정도였습니다. 나양반의 경우가 그렇습니다. 나정승은 과거 시험에 합격하여 탄탄한 기반을 잡았지만 그 이후 합격자가 없어 이런 소송까지 당하게 된 것입니다.

김딴지 변호사　　그렇게 어렵고 힘든 과거 시험이 항상 잘 유지되었습니까?

이황　　아닙니다. 조선 후기가 되면 과거 시험에 온갖 부정이 넘쳐났어요. 무슨 수를 써서라도 과거에 붙어야 했으니까요. 우선 과거 시험 응시자가 대폭 증가했습니다. 응시자가 너무 많아 시험관들이 시험 답안을 제대로 읽을 시간이 없을 정도였습니다. 시험관들은 시간이 없어 답안의 앞부분만 읽거나 일찍 제출한 시험지만을 선택하여 합격 여부를 결정하는 경우도 있었어요. 이렇게 되자 수험생들은 시험지를 빨리 내려고 여러 사람을 데리고 들어가 한꺼번에 답안을 작성하기도 했습니다.

김딴지 변호사　　부정행위가 일어났다는 말인가요?

이황　　옛날 학생들이 생각하고 행동하는 것은 요즘 아이들과 똑같습니다. 시험을 볼 때 긴장을 했습니다. 커닝 방지를 위해 시험장에 책을 들고 갈 수 없게 했지만 몰래 들고 들어가기도 했습니다. 권세 있는 가문의 양반 자제들은 시험지를 베끼거나 시험 답안지를 바꿔치기 위해 종을 데리고 들어가는 경우가 있었습니다. 그래서 좁은 공간에 사람이 너무 많이 들어차 밟혀 죽거나 다치는 경우도 있었습니다. 부정도 성행하고 폐단도 많았지만 그래도 여전히 과거 시험의 영향력은 줄어들지 않았습니다.

조선 시대의 과거 시험

　조선 시대는 과거 시험 외에 공신, 고위 관리의 자제들이 과거를 치르지 않고 특별 채용되는 음서 제도나 고위 관리에게 적합한 관리 후보자를 받아 임용하는 천거 제도를 통해 관직에 오를 수 있었습니다. 그러나 고위직에 오르거나 양인이 양반이 되려면 과거 시험에 응시해야 했습니다.

　원칙적으로는 수공업자·상인·무당·승려·노비·서얼을 제외하고는 누구나 응시할 수 있었으나 경제적인 사정이나 처지로 일반 백성은 과거에 합격하기 쉽지 않았고, 점점 가문을 중시하는 경향이 나타났습니다.

성균관 명륜당의 모습. '명륜(明倫)'이란 인간사회의 윤리를 밝힌다는 뜻으로, 『맹자』 등문공편에 "학교를 세워 교육을 행함은 모두 인륜을 밝히는 것이다."라고 한 데서 유래한 말입니다.

과거 시험은 크게 문과와 무과, 잡과로 구별되는데 문관이 되려는 자들은 문과를, 무관이 되려는 자들은 무과를, 기술관이 되려는 자들은 잡과에 응시했습니다. 특히 조선은 유교 중심의 사회였기 때문에 문관을 우대했고 이는 문과의 높은 경쟁률을 불러일으켰습니다.

　문과는 다시 소과와 대과로 나눌 수 있는데 소과는 유교 경전이나 문장 실력을 알아보는 시험으로, 합격한 사람은 생원이나 진사로 불리며 성균관에 입학하거나 대과에 응시할 자격을 얻었습니다. 그 뒤 본격적인 관리 등용문인 대과에 응시하는데 3차에 걸쳐 시험을 봐야 했습니다. 구술시험과 문학이나 유교 경전을 바탕으로 하는 논술 시험을 치렀으며 1차, 2차 시험을 차례로 시행하며 33명의 합격자를 선발했습니다. 마지막 시험인 전시는 왕 앞에서 치러졌으며 합격 여부를 가리는 시험이 아니라 성적에 따라 갑, 을, 병으로 등급을 나누고 품계를 나누는 것이었습니다.

　무과는 궁술과 기창, 격구와 같은 무예 실기 시험과 병법서를 바탕으로 하는 군사 전략 시험을 치러 28명을 선발했습니다. 양인 이상이면 응시가 가능했으나 주로 문과에 합격할 가능성이 낮은 양반 자제들이 무과를 보았습니다.

　잡과는 통역관, 의관, 법률을 강의하는 율관 등을 뽑는 시험으로 주로 중인 자제가 응시하여 가업을 이었습니다. 합격하면 하급 관리로 임용되고 승진도 할 수 있었으나 최고위 관직에 오를 수는 없었습니다.

　왜 조선 시대에는 양반과 노비가 있었을까?

양반은 왜
관료가 되려고 했을까?

증인 말씀 잘 들었습니다. 판단이 쉽지 않군요. 양반들이 과거 시험에 목을 맸던 환경도 알게 되었고, 이를 위해 여러모로 고생이 많았다는 것도 이해했지만 과연 경제생활은 어떻게 꾸려 나갔는지 의문이 생깁니다.

김딴지 변호사 판사님이 좋은 지적을 해 주셨습니다. 양반들은 과거 시험만 준비하면서 경제 활동을 제대로 한 적이 없습니다. 조선이 더 부강하고 튼튼한 나라가 되기 위해서는 신분을 떠나 누구나 자신의 논밭을 일구어야 했습니다. 양반들은 오로지 책만 읽으면서 노비들을 쉼 없이 부려먹었습니다. 일하지 않는 자는 먹지도 말라는 말이 있지 않습니까?

이대로 변호사 원고 측 변호인의 말대로라면 세상 사람 누구나 농사만 지어야 합니까? 그런 법이 어디 있습니까? 양반들이 할 일은 따로 있었습니다. 양반들은 독서를 통해 어떻게 국가를 경영할 것인지와, 어떻게 하면 백성들이 편안하게 살 것인지 등을 고민했습니다.

판사　관료가 되는 길이 양반의 할 일이란 말입니까?

이대로 변호사　맞습니다. 하지만 관료가 되는 것이 욕을 먹어야 하는 일은 아니지 않습니까?

김딴지 변호사　피고측 변호인이 제 말의 의도를 잘못 이해하고 있는 것 같습니다. 저는 관료를 비난하는 것이 아니라 시대가 달라지고 있었다는 것을 지적한 것입니다. 관료는 조선 사회의 엘리트고, 리더입니다. 리더는 사회 변화를 빨리 파악할 수 있어야 하는데 양반들은 고리타분한 옛날 시절만 떠올리며 신분 타령만 하고 상업을 천하게 여겼습니다. 그 당시의 양반의 사고방식을 생생하게 증언할 수 있는 사람으로 연암 박지원 선생님을 불러 주시길 바랍니다.

연암 박지원이 증인 선서를 마치고 증인석에 앉았다.

김딴지 변호사　자기소개를 부탁드립니다.

박지원　나는 조선 후기의 대표적인 ▶실학자로 소설가이기도 합니다. 나는 『양반전』, 『허생전』 등 현실 비판 정신이 뛰어난 작품을 주로 썼습니다.

김딴지 변호사　우선 개인적인 질문부터 여쭈어 보겠습

교과서에는

▶ 조선 후기 백성들이 잘살고 나라가 튼튼해지는 방법을 연구한 학문을 실학이라 합니다. 실학자들은 사회를 개혁하기 위해 정치, 경제, 사회 등 여러 분야에 걸쳐 개혁을 주장했습니다. 농사를 짓지 는 사람은 토지를 가지지 못하게 해야 한다, 신분 차별을 없애야 한다, 산이 많은 우리나라의 특성상 말보다 배를 이용해 화물을 운반하는 것이 좋다는 등의 주장을 펼쳤습니다.

니다. 선생님의 명성은 자자하지만 의외로 선생님에 대해 모르는 사람들이 많은 것 같습니다. 그리고 선생님, 이제부터 존칭을 생략하겠습니다. 양해해 주시기 바랍니다.

박지원   알겠습니다.

김딴지 변호사   증인께서는 언제 어디서 태어나셨습니까?

박지원   나는 1737년(영조 13) 한성, 지금의 서울에서 태어났습니다. 나는 어릴 때부터 몸이 튼튼하고 똑똑했어요. 하지만 아버지가 벼슬길에 나아가지 못하여 할아버지 밑에서 자랐지요. 할아버지는 나를 무척 예뻐했습니다.

김딴지 변호사   증인 스스로 똑똑하다고 하셨는데 공부는 언제 시작했습니까?

박지원   원래 우리 집안은 명문가였지만 재산이 별로 없었지요. 조그마한 밭과 집 한 채 정도였어요. 그러다 보니 어린 시절에 체계적인 공부를 할 수 없었습니다. 나는 열다섯 살에 결혼한 뒤 공부하기 시작했어요. 사상적으로 이익의 영향을 받았던 처삼촌 홍문관 교리 이양천에게서 글을 본격적으로 배우기 시작했어요. 당시로서는 좀 늦게 공부를 시작했지요. 3년 동안 문을 걸어 잠그고 공부에만 전념했어요. 그 결과 열여덟 살에 책을 쓸 정도가 되었지요.

김딴지 변호사   그럼 열심히 공부하여 과거 시험에 합격했습니까?

박지원   부끄러운 이야기지만 과거에는 합격하지 못했습니다. 아니 못한 것이 아니라 안 했습니다. 스물두 살 되던 해 어머니를 시작으로 할아버지, 아버지께서 연이어 세상을 떠났습니다. 아버지가 돌

북학파
실학의 한 갈래로 상공업 발달
을 중시하였고, 청나라의 학술
과 문물을 본받자고 하여 북학
파라고 불렸습니다.

허례허식
형편에 맞지 않게 겉만 번드르
르하게 꾸미거나 또는 그런 예
절이나 법의 형식을 말합니다.

사리사욕
사사로운 이익과 욕심을 말합니다.

아가시고 나서 산소 문제로 한 젊은 관리가 자리에서 물러나게 되는 일이 생겼어요. 그 관리에게 정말 미안했습니다. 나 때문에 한 사람의 앞길이 막혔구나 하는 생각을 하니 과거 시험이 무의미해졌어요. 그 이후 나는 과거 시험을 머릿속에서 지워 버렸습니다.

김딴지 변호사　　가슴 아픈 사연이 있었군요. 그럼 그 이후에는 전혀 공부하지 않았습니까?

박지원　　아닙니다. 솔직히 과거 시험은 형식과 출제 경향에 맞춰 공부해야 하기 때문에 자유롭게 공부할 수 없는데 내가 배우고 싶은 학문을 공부하니 편안하고 즐거웠습니다. 주변에 같이 공부할 친구도 많았습니다. 여러분이 **북학파**라고 부르는 이덕무(李德懋) · 이서구 · 서상수 · 유금 · 유득공 · 박제가 · 이희경 등이었어요. 내 호가 연암(燕巖) 아닙니까. '연암파'를 형성할 정도로 같이 공부하는 사람들이 많았습니다.

김딴지 변호사　　우리가 알기에는 증인과 같이 공부한 분 중에는 양반보다는 서얼들이 많았다고 하는데 사실입니까?

박지원　　네. 이덕무, 유득공, 박제가 등 대부분이 서얼 출신이었습니다. 서얼이라고 해서 능력이나 자질이 떨어지는 것은 아닙니다. 오히려 학식도 깊고, 사회를 바라보는 눈도 날카로웠습니다. 단지 서얼 출신이라는 이유로 제도권에 진입하지 못했죠. 그런데 사회가 급변하고 있는데도 실력도 없는 사람들이 양반이라는 신분을 등에 업고 위정자의 자리에 앉아 **허례허식**을 차리고 **사리사욕** 챙기기에만 빠져 있었습니다. 이게 문제입니다. 제대로 공부한 사람이 관직에 나아가는 것이 옳지 않습니까?

김딴지 변호사　증인과 친분이 있는 사람들 때문에 사회 개혁을 요구한 것은 아닌가요?

박지원　그렇지 않습니다. 친구 따라 강남 갑니까? 나는 끝없는 독서와 당시 지구촌에서 선진 사회였던 청나라 방문을 통해 더 이상 조선이 우물 안 개구리로 살아서는 안 된다는 것을 절실히 느꼈습니다. 여기 계신 방청객 여러분도 글로벌하게 살아야 합니다. 세계화는 외국어만 할 수 있다고 되는 게 아닙니다. 실력을 갖추어야죠. 책을 많이 읽어 세상을 보는 눈을 키워야 합니다.

김딴지 변호사　박지원 선생님, 좋은 말씀 감사합니다. 제 신문은 이것으로 마치겠습니다.

판사　피고 측 반대 신문을 하시겠습니까?

이대로 변호사　네. 연암 박지원 선생님은 왜 그렇게 조선 사회에 불만이 많았습니까? 본인도 명문가 출신의 양반이 아닙니까?

박지원　조금 전에도 말했듯이 조선 사회 자체에 불만을 갖는다기보다 지배 계층의 **폐단**을 **질책**하는 것입니다. 조선이 500년 이상 유지되고 발전한 것을 비난하는 것이 아닙니다. 양반들의 **무위도식**이 문제입니다. 또한 왜 양반들만 관료가 되어야 합니까? 누구에게나 관료가 될 수 있는 기회가 주어져야 합니다. 양반가에서 태어났다는 이유만으로 관료가 된 사람들이 정치를 했기 때문에 조선이 발전할

폐단
어떤 일이나 행동에서 나타나는 옳지 못한 경향이나 해로운 현상을 일컫는 말입니다.

질책
잘못을 꾸짖어 알아듣도록 하는 것입니다.

무위도식
하는 일 없이 놀고먹는 것을 말합니다.

벌열가문
나라에 세운 공이 많고 대대로
벼슬길에 오른 경력이 많아 막
강한 권력을 행사하는 집안을
말합니다.

비일비재
같은 현상이나 일이 한두 번이
나 한둘이 아니고 많음을 말합
니다.

수 없었던 겁니다.

이대로 변호사　무슨 그리 심한 말씀을 하십니까! 양반 관료들은 최선을 다해 자신의 일을 하고 있었습니다. 그들은 엄청나게 많은 독서를 통해 방대한 지식을 쌓았습니다. 게다가 양반은 어릴 때부터 인격과 학식을 겸비하도록 교육을 받습니다. 백성들을 자애롭게 다스려야 한다는 가르침을 늘 마음속에 새겼는데 이것이 바로 유교에서 중요하게 여기는 인(仁)입니다.

박지원　자애롭다고요? 그 잘난 정치인들이 입만 열면 나라를 위하고 백성을 위해 일한다고 하지만 양반 중에서도 최고로 치는 **벌열가문(閥閱家門)**에서도 비리 때문에 물의를 일으키는 사람이 줄줄이 나타나지 않았습니까?

이대로 변호사　판사님. 원고 측 증인의 이러한 주장은 조선 역사 전체를 흔드는 억지입니다. 대부분의 양반들은 성실하게 살았습니다. 몇몇 사림들 때문에 양반 계층 전체를 노골적으로 욕하는 것은 문제가 있습니다.

판사　인정합니다. 증인께서는 양반에 대한 편견을 심어 줄 만한 발언은 삼가 주세요.

박지원　죄송합니다. 감정이 격해져서 조금 심한 말을 했습니다. 하지만 당시 양반들은 대체로 관료가 된 다음에도 양인들을 깔보고 노비들을 함부로 대하는 일이 **비일비재**했습니다. 도대체 관료가 뭐기에 그렇게 어깨에 힘주고 세도를 부렸는지 이해가 안 갑니다.

양반이 도대체 하는 일이 뭡니까? 관료가 되어서도 탈세니 뇌물 수수니 하는 부정부패로 물의만 일으키지 않습니까?

말씀이 심하시군요. 양반에겐 양반만의 역할이 있었습니다.

이대로 변호사　좋은 질문입니다. 관료가 되는 것도 힘들지만 관료가 되고 난 뒤의 생활도 생각하는 것만큼 절대 화려하지 않았습니다. 조선 시대 양반들이 가장 희망했던 직업이 관료였던 것은 사실입니다. 관료가 되어야지만 양반 신분의 특권을 계속 유지하거나 특권 신분층으로 대접받을 수 있었습니다. 왜냐하면 그 시기에는 상공업 자체가 억제되어서 다른 직업이 발전하지 못했기 때문입니다.

박지원　관리들은 나라에서 땅도 받지 않았습니까?

이대로 변호사   조선 초기에는 **과전법**의 시행으로 관료가 되어야 자기의 직급에 맞는 토지를 받을 수 있습니다. 국가에서 받은 토지를 소유하는 것이 아니라 그 토지에서 나오는 세금만 거둘 수 있었습니다. 또한 매년 등급에 따라 나라에서 지급한 녹봉으로 생활을 유지했습니다. 그러나 과전법은 조선 초기 60~70년간 시행되다가 토지가 부족하여 현직에 있는 관료들에게만 지급하는 직전법으로 바뀌었습니다. 직전법도 불과 몇 십 년만 유지되다가 없어졌습니다. 결국 녹봉 이외에 나라에서 받는 것이 없었습니다.

판사   음, 그러니까 관료들은 녹봉으로 생활을 했다는 말씀이군요. 녹봉만으로 살아갈 수 있었나요? 어려울 것 같은데 다른 수입은 없었습니까?

이대로 변호사   관료가 되면 녹봉보다 더 큰 혜택이 있어 참을 만했습니다. 조선 초기에는 관료가 되면 국가에서 부과하는 역에서 면제되었습니다.

판사   국가에서 부과하는 역이라면 군역도 포함되나요?

이대로 변호사   네. 조선 초기에는 국가 재정을 튼튼히 하고 국방력을 강화시키는 것이 목표였기 때문에 군역은 백성들의 가장 중요한 의무 가운데 하나였어요. 그런 까닭에 특권은 가급적 소수에게 제한적으로 부여되었습니다. 최고위 관료층을 제외한 나머지 관료들은 관직을 떠나면 군역을 져야 했습니다. 그러나 조선 후기가 되면서 양반의 후손은 군대에 가지 않았습니다. 16세기에 사족들은 지방 행

왜 조선 시대에는 양반과 노비가 있었을까?

정에 영향력을 행사하여 군역에서 제외될 방편을 모색했습니다. 본격적으로 인조반정 이후 사림 정치의 형태를 갖추어 가면서 양반들은 특권 신분의 지위를 부여받고 군역에서 면제되었습니다. 양반에게 군역을 면제한다는 명확한 규정도, 국왕의 명령도 기록에 남아 있지 않아 확인할 길은 없지만 이후 군역에서 제외되는 것이 곧 양반이라는 징표가 되었습니다. 모두들 양반, 양반 하는 이유가 다 여기에 있는 것입니다.

판사 양반이라는 이유만으로도 혜택이 많은데 왜 모두가 관료가 되려고 합니까?

이대로 변호사 양반에게 관료가 된다는 것은 우리가 자연스럽게 숨을 쉬는 것과 같습니다. 양반 평생의 꿈이 관료입니다. 관료가 되는 방법은 여러 가지가 있습니다. 첫째는 과거 시험이죠. 둘째는 유일(遺逸)이라는 명분으로 천거를 받는 일입니다. 이것도 학문을 열심히 하여 소문이 자자하게 나야 가능하죠. 셋째는 문음(門蔭)입니다. 일명 '빽'으로, 아버지나 할아버지의 영향력으로 관료가 되는 것입니다. 이렇게 관료가 되는 방법이 다양했지만 뭐니 뭐니 해도 당당하게 과거 시험에 합격해야 큰소리칠 수 있었습니다.

판사 관료만 되면 떵떵거리며 살았겠네요?

이대로 변호사 아닙니다. 양반으로 관료가 되었다고 금방 고관대작이 되는 것은 아닙니다. 관의 최말단인 종9품부터 시작해야 합니다. 능력에 따라서는 종7품부터 시작하기도 했습니다. 문관과 무관

을 다 합쳐 관직 수는 5,000여 개 정도였으나 그중에서도 양반들이
원하는 문관 관직은 500여 개에 불과했습니다. 그러니 얼마나 힘들
겠어요. 더구나 날이 갈수록 양반이라고 주장하는 사람들이 늘어나
니 더 골치였지요.

판사   몇 살부터 관료로 임용될 수 있었습니까?

이대로 변호사   아무리 똑똑해도 20세가 되어서야 관직에 임용되
었습니다.

왜 조선 시대에는 양반과 노비가 있었을까?

판사　관료들의 출퇴근 시간은 어떠했습니까?

이대로 변호사　조선 시대 관료도 지금 공무원과 비슷한 점이 많았습니다. 해가 긴 봄이나 여름에는 오전 5~7시(묘시)에 출근해서 오후 5~7시(유시)에 퇴근했고, 해가 짧은 가을, 겨울에는 오전 7~9시(진시)에 출근해서 오후 3~5시(유시)에 퇴근했습니다.

김딴지 변호사　직무를 맡아할 수 있는 나이나 출퇴근 시간이 중요한 것은 아닌 것 같습니다. 누구에게나 관료가 될 수 있는 기회를 주는 것이 합리적이고 올바른 일이죠. 안 그렇습니까?

이대로 변호사　신분도, 실력도 갖추지 못한 사람이 백성을 위해 봉사하는 자리에 앉아선 안 됩니다. 조기 교육을 받아 어릴 때부터 훈련된 진짜 양반만이 제대로 일을 해낼 수 있습니다.

김딴지 변호사　관직이 양반 체면용이 아니지 않습니까?

이대로 변호사　당연합니다. 그러나 아버지, 할아버지, 증조할아버지, 외할아버지 가운데 제대로 된 관료를 배출해야만 양반으로 인정받을 수 있었습니다.

김딴지 변호사　그래도 사람들은 너무 감투에 연연합니다. 양반도 자신의 소신대로 당당하게 살면 되지 그렇게까지 세상의 시선을 신경 쓸 필요가 뭐가 있습니까?

이대로 변호사　그런 면이 없는 것은 아니지만 신분 사회에서 양반으로 지내기 위해서는 할 수 없는 선택입니다. 양반이라고 누구나 공부를 좋아했던 것은 아닙니다. 살기 위해서 공부한 거죠. 그만큼 과거 합격은 절실했습니다. 양반도 어쩔 수 없이 살아가기 위해 공부했다는 것을 한 번쯤 생각해 주시길 바랍니다.

판사 두 분의 이야기 잘 들었습니다. 오늘은 양반이 양반으로 인정받기 위해서는 어떤 관문을 거쳐야 했는지, 그 관문인 과거 시험이 얼마나 치열했는지에 대해서 알아보았습니다. 그럼 폐정 시간이 다 되었으니 다음 주 이 시간에 계속하기로 하고 이것으로 두 번째 재판을 마치도록 하겠습니다.

땅, 땅, 땅!

왜 조선 시대에는 양반과 노비가 있었을까?

다알지 기자

억울해와 나양반의 두 번째 재판이 방금 끝
났습니다. 오늘 재판에서는 조선 시대에 관료가
될 수 있는 통로였던 과거 시험에 대해 자세히 알아
보는 시간을 가졌습니다. 노비들은 신분적 제약 때문에 공식적으로 글
을 배우지 못하여 억압적인 삶을 참고 살아야 했으며, 양반들은 자신
의 가문과 집안을 위해 평생을 과거 시험 합격을 위해 치열하게 공부
해야 했다는 사실을 알게 되었습니다. 지금 막 법정을 나서는 양측 변
호인인 이대로 변호사와 김딴지 변호사를 만나 보도록 하겠습니다. 먼
저 이대로 변호사, 오늘 재판에 대해 한 말씀 해 주시지요!

이대로 변호사

　　오늘 재판은 참 흥미로웠습니다. 원고 측에서 우리 주장을 반박할 수 있는 형편이 아니더군요. 많은 사람들이 조선 사회를 이끌어 나갈 엘리트를 만들어 냈던 과거 준비가 얼마나 어려웠는지 알게 되었습니다. 끊임없는 독서를 통해 풍부한 지식을 쌓고 자기 절제로 무장되어 있는 양반을 노비들은 절대 따라올 수 없었습니다. 게다가 관료라는 직위는 낙타가 바늘구멍에 들어가는 것만큼이나 어려운 과거 시험을 힘들게 통과하여야만 얻을 수 있는 자리입니다. 따라서 그에 대한 대가가 따르는 것은, 즉 양반에게 특권이 주어지는 것은 당연하다고 봅니다.

　　왜 조선 시대에는 양반과 노비가 있었을까?

김딴지 변호사

　　변호사는 오직 재판 결과가 나왔을 때에만 안심할 수 있습니다. 다만 이번 재판에서는 우리 쪽이 다소 밀리는 느낌이었습니다. 조선 시대 노비들은 글을 몰라 자신들의 이야기를 남길 수 없었습니다. 또한 왜 양반들이 원하는 대로 살아야 하는지 의문조차 품지 못했던 노비들이 태반이었습니다. 반면 양반들은 자신의 이야기를 꼼꼼히 기록하고 있어 양반의 처지에 대해 쉽게 항변할 수 있습니다. 원고와 같은 노비들은 자신의 입장을 설명할 수 있는 자료가 너무 부족하여 처음부터 불리한 조건에 놓여 있었다는 점을 유념해 주셨으면 좋겠습니다.

양반의 상징, 갓

양반들은 의관을 제대로 갖춰 입는 것을 매우 중요하게 여겼어요. 이때의 의관이란 '남자의 웃옷과 갓이라는 뜻으로, 남자가 정식으로 갖추어 입는 옷차림을 이르는 말'이랍니다. 특히 갓을 쓴다는 것은 매우 큰 의미가 있었기 때문에 양반들은 자기 갓을 잘 간수하는 데 주의를 기울이기도 했어요. 양반들이 쓰고 다니던 갓을 살펴보며 조선 시대 양반들의 생활을 한번 짐작해 볼까요?

흑립

머리에 쓰는 모자에는 여러 가지 종류가 있는데, 립(笠)과 건(巾), 관(冠)과 모(帽)가 있지요. 그중에서 립은 외출할 때나 손님을 맞을 때 쓰는 모자에 해당해요. 사진 속 유물은 흑립으로 조선 시대 양반들의 대표적인 모자랍니다. 말의 갈기나 꼬리의 털인 말총으로 엮은 다음 옻칠을 해서 만든 검은 갓이지요.

주립

무관들이 주로 입었으며, 문관들도 전쟁이 일어
났을 때나 임금을 보호하며 따라갈 때 입었
던 옛 군복을 '융복'이라고 해요. 이 융복
을 입을 때 쓰던 붉은색의 갓이 바로 주
립이지요. 사진 속 모습처럼 붉은 옻칠
을 해서 색깔을 낸 것이 특징이랍니다.

정자관

양반들이 평상시 집에서 있을 때 쓰는 관(冠)이
에요. 특히 조선 중기 서당의 훈장들이나 양반들
이 집에서 평상복을 입을 때 사용하지요. 망건
위에 탕건을 쓴 다음 그 위에 덧쓰는 방식이랍니
다. '주자관'이라고도 부르지요. '산(山)' 자 모양을
2단 혹은 3단으로 덧붙여 만들었는데 대체로 지위
가 높을수록 층이 많은 것을 썼답니다.

망건

상투를 튼 사람이 머리카락을 걷어 올려 흘러
내리지 않도록 머리에 두르는 그물처럼 생긴
물건을 '망건'이라고 해요. 보통 말총 또는 머
리카락으로 만들지요. 그물처럼 생긴 것이 특
징이에요. 신분에 따라 망건에 달린 관자 등의
재료가 달라졌답니다.

출처: 갓 전시관(www.gatkorea.org)

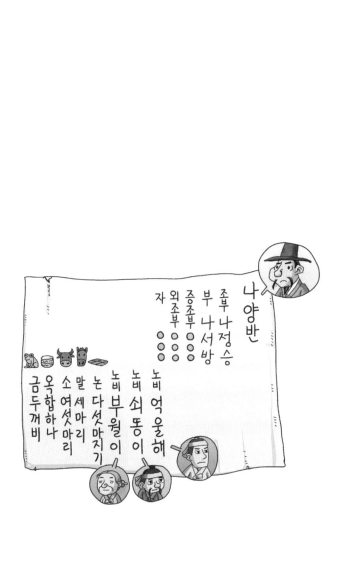

족보가 가진 의미는 무엇인가?

1. 족보는 단순한 집안의 기록인가?
2. 호적에는 누가 실렸나?

교과 연계

한국사
II. 고려와 조선의 성립과 발전
　2. 유교 정치의 이상을 꽃피운 조선
　　(1) 민본 이념을 구현하기 위한 통치 체제를
　　　 갖추다

1

족보는 단순한
집안의 기록인가?

판사   오늘은 재판 마지막 날입니다. 먼저 원고 측 변호인이 변론하세요.

김딴지 변호사   존경하는 판사님, 그리고 배심원 어러분. 원고인 억울해가 가장 억울하게 생각하는 것은, 왜 자신이 게으르고 무식하며 근본이 없는 사람으로 비춰지느냐 하는 것입니다. 원고는 나라의 일원으로 조선 사회가 제대로 굴러가는 데 나름의 중요한 역할을 했다는 평가를 받기 원합니다. 억울해에게 노비가 사람이 아닌 물건이나 마찬가지라는 오명을 심어 준 것은 다름 아닌 피고와 그의 후손들이 었습니다.

판사   피고와 그 후손들이 원고를 **중상모략**했다는 말입니까?

김딴지 변호사   나양반은 억울해가 족보도 없는 상놈이라고 헐뜯었습니다. 아니 세상에 어느 누가 본인도 아니고 자기 부모님과 조상을 노골적으로 욕하는 데 참을 수 있겠습니까? 이에 억울해의 족보를 물증으로 제시합니다.

판사　　원고 측 변호인은 물증을 제출해 주세요.

중상모략
근거 없는 말로 남을 헐뜯어 명예나 지위를 손상시키는 것을 중상이라 하고, 사실을 왜곡하거나 속임수를 써 남을 해롭게 하는 일을 모략이라 합니다.

법정 안에 있던 모든 사람이 고개를 들고 김딴지 변호사가 들고 있는 자료를 보았다. 윤기가 자르르 흐르는 책 표면에 '사랑 억씨 족보'라는 글씨가 크게 적혀 있었다. 사람들은 '사랑 억씨'라는 성씨를 들어 본 적이 없다며 옆 사람들과 수군거렸다. 이대로 변호사는 한참 억울해의 족보를 뒤적거리더니 비웃음 가득한 얼굴로 자리에서 일어섰다.

이대로 변호사　　억울해의 족보는 언제쯤 만들어진 것입니까? 제 눈에는 최근에 만든 위조 족보로 보이는데요. 조금만 살펴봐도 억울해의 족보가 얼마나 허술한지 금방 알 수 있습니다. 족보에는 시조에서부터 세대 순으로 개인의 모든 경력과 이력이 기재됩니다. 그러나 억울해의 족보는 이상하게도 너무 잘 짜여 있습니다.

김딴지 변호사　　족보가 다 그렇죠. 잘 짜여 있어도 문제가 됩니까? 한때 억울해의 아버지가 나정승 집에서 노비로 살았다고 해서 억울해의 집안이 노비 집안이라고 단정 지어서는 안 됩니다.

이대로 변호사　　그럼 원고에게 묻겠습니다. 본인의 5대 조가 누구며 무슨 벼슬을 했는지 한번 말해 보세요.

억울해　아, 갑자기 물으시니 기억이 잘 안 납니다. 변호사님은 다 기억하시나요? 요즘 학생들은 심지어 할아버지 이름도 모르는 경우도 많습니다. 5대조를 기억하지 못하는 것이 큰 문제는 아니지요.

이대로 변호사　그렇군요. 판사님과 방청객 여러분은 지금 원고가 자신의 선조조차 밝히지 못하는 것을 보았습니다. 새로운 족보의 시조로 삼을 만한 인물이 없거나, 할아버지의 할아버지도 모르는 경우 족보를 위조할 확률이 크죠. 원고 억울해는 족보를 만들 수 있는 경제적 기반이 생기자 가짜 족보를 만든 것입니다. 결국 원고가 가진 족보는 혈연적으로 무관한 남의 족보, 즉 가짜 족보입니다.

억울해 　위조 족보라니요! 말도 안 됩니다. 족보를 자세히 들여다 보면 깜짝 놀라실 겁니다. 내 성씨는 사랑 억씨로 김해가 본관입니다. 시조님은 중국에서 건너온 분으로 성함은 억말복입니다. 나는 사랑 억씨 32대손으로 선조 중에는 조선을 건국하는 데 결정적인 역할을 하신 분도 있습니다. 내 선조는 고려 개국 공신으로 조선을 건국하는 데 결정적인 역할을 하다 세상을 떠난 분들입니다. 그 이후 집안이 쇠락을 면치 못해 아버지가 양인으로까지 신분이 떨어진 것입니다. 나는 자신의 내력도 모른 채 노비로 살아오다 최근에야 그 사실을 알게 되어 족보를 발간한 것입니다.

이대로 변호사 　원고의 말이 사실이라면 원고의 집안은 엄청난 집안이었군요. 그러나 믿을 수가 있어야지요. 조선 후기에 사회적으로 족보 만들기가 성황을 이룬 적이 있습니다. 천민인 노비들도 족보를 만들었지요. 원고 억울해의 족보가 가짜라는 것을 증명하겠습니다. 원고가 자랑하는 족보를 제작했다는 출판사 사장님을 증인으로 요청합니다.

억울해와 김딴지 변호사는 경악을 금치 못했다. 재판 전에 그를 찾아가 억울해의 사정을 설명하고 설득하여 재판의 증인으로 서지 않겠다는 확답을 얻었는데 어이없는 일이 벌어지고 만 것이다. 이 돌발 상황에 충격을 받은 원고 측은 표정이 굳어졌다. 증인이 나와 선서를 한 뒤 증인석에 앉았다.

판사   증인, 자기소개를 해 주세요.

남족보   나는 역관 출신으로 인쇄소를 운영했던 남족보
라고 합니다. 당시에 족보 위조 사업이 크게 성공하여 떼
돈을 벌었지요. 지금은 역사공화국에서 가장 역사가 오래
된 족보 출판사인 만보사를 경영하고 있습니다.

판사   피고 측 변호인, 신문해 주십시오.

이대로 변호사   원고 억울해를 언제 만났습니까?

남족보   1750년대쯤이었습니다. 억울해가 내 사무실로 찾아왔습
니다. 꽤 말쑥한 차림이었습니다. 화려하진 않았지만 좋은 옷감으로
만든 도포를 입고 있었습니다. 그는 자신의 자식들이 과거 시험도
보고 군역도 면제받을 겸 족보를 만들어 달라고 했습니다. 당시에
족보 발간은 너무 성행해서 특별한 일도 아니었습니다.

김딴지 변호사   증인은 지금 거짓 증언을 하고 있습니다! 원고는 아
버지 억삼이에게 받은 족보가 오래되어 알아보기 힘들었기 때문에
새로 꾸미려고 한 것입니다.

판사   원고 측 변호인은 피고 측 신문이 끝난 후에 반론해 주세요.

이대로 변호사   원고가 집에서 족보를 가지고 왔던가요?

남족보   그건 아닙니다. 내가 여러 양반들의 족보를 확보하고 있
으니 그중에 적당한 것을 골라 달라고 했습니다. 그때는 원고처럼
족보를 만들려는 사람들로 사무실이 **문전성시**를 이루었습니다.

이대로 변호사   족보는 각 개인 집안에 관한 이야기인데 어떻게 인
쇄소 사장이 마음대로 만들 수 있습니까?

남족보　　몰락한 양반의 족보를 사들이기도 하고, 양반 가문에서
몰래 여벌의 족보를 빼돌리기도 했습니다. 고객들은 대체로 성씨와
본관이 일치하는 족보를 선택했습니다. 당연히 제작 과정에서 족보
는 역사적인 사실과 무관하게 꾸며지거나, 설령 족보의 내용이 사실
이라 하더라도 족보상의 시조와 후손이 같은 핏줄이 아닌 경우도 있
었습니다.

이대로 변호사　　족보는 언제부터 만들어졌나요?

남족보　　족보는 조선 시대에 본격적으로 만들어졌지만 고려 시대에도 '가첩', '씨족' 등의 고문서 형태로 있었습니다. 조선 시대에 들어와 유교가 점차 보편화되면서 족보다운 족보가 필요하자 왕실에서 먼저 편찬했습니다. 민간에서는 16~17세기를 거치면서 족보의 편찬이 활발해졌습니다.

　양반들은 족보를 통해 혈연적인 결속력을 강화하는 한편, 하층민과의 차별성을 드러내려 했습니다. 조선 시대에는 족보를 가지고 있다는 것 자체로 양반임을 증명할 수 있었습니다. 우리가 알고 있듯이 양반에게는 여러 가지 특권들이 주어졌습니다. 평민과 천민들은 사회적인 천대와 경제적인 부담에서 벗어나기 위해 양반이 되려고 했습니다. 원고와 같은 노비들이 양반이 되는 방법 중 하나가 족보를 가지는 것입니다. 이 때문에 조선 후기에 족보 간행이 성황을 이룬 것입니다. 원고 억울해도 족보를 소지하면 양반이 될 수 있다고 믿었던 것이죠.

이대로 변호사　　족보가 가진 의미가 상당하군요. 족보만 있으면 양반이라는 신분을 보장받는 것이나 다름 없었겠네요.

남족보　　네. 물론 족보가 양반 증명서나 마찬가지였으나 조선 후기에는 그 의미가 퇴색했습니다. 양반들은 여전히 성과 본관, 가계와 조상 및 족보에 유난히 관심을 쏟았으나 가짜 족보가 범람했습니다. 많은 노비들이 원고처럼 양반이 되기 전의 자료, 즉 노비로서의 자료를 모두 없애 버리고는 원래 양반이었던 것처럼 큰소리치고 다녔습니다.

　왜 조선 시대에는 양반과 노비가 있었을까?

사실 원고 억울해의 아버지 억삼이가 나정승의 노비인 것은 누구
나 아는 사실이지 않습니까? 원고의 어머니 김파초는 비록 양인이
지만 아버지는 노비가 분명합니다. 그런데 아버지가 뜬금없이 양반
이라고 주장하는 것은 지나가는 소가 웃을 일입니다.

2

호적에는
누가 실렸나?

김딴지 변호사　피고 측 증인은 기억에 반하는 허위 진술을 하고 있거나 피고로부터 위증을 강요받은 것으로 보입니다. 그러나 족보의 진위 여부에 관해서는 너무 오래된 사안이라 입승 증서를 세시킬 수 없기 때문에 저희 측이 불리합니다. 증인이 신문이 끝나기 전에 진술을 철회해 주기만을 바랄 뿐입니다.

이대로 변호사　판사님, 계속 말씀드리지만 원고 측의 족보는 가짜가 분명합니다. 여기 법정에 계신 분들은 읽었는지 모르겠지만 조선 후기의 생활을 담은 『청구야담』에 원고와 같은 사연이 있습니다. '송씨 양반이 궁한 지경에서 옛 노복을 만나다'라는 글입니다.

　내용을 설명하자면 송씨 양반이 있었는데 오래 벼슬을 못하자 친척들도 멀리하고, 집에 데리고 있던 막동이라는 종마저 도망가 버렸

습니다. 송씨 집안은 가난이 더 심해지자 고을 수령을 하고 있는 친구에게 부탁하러 길을 떠나죠. 가는 길에 큰 부잣집에 들렀는데 알고 보니 전에 도망간 막동이었습니다. 막동이는 송씨 양반을 보자 무릎을 꿇고 자신의 죄를 벌하도록 요구합니다.

　막동이는 첫째, 상전의 은혜를 후히 입고 도망한 것, 둘째, 주인 양반이 자신을 믿기를 수족같이 했는데 배신한 것, 셋째, 성과 이름을 바꾸고 관직에 오른 것, 넷째, 벼슬이 높은데도 불구하고 소식을 끊은 것, 다섯째, 주인 양반이 왔는데도 지나가는 손님처럼

청구야담
17~19세기에 민담과 야사를 바탕으로 기록된 책입니다. 돈의 위력이 신분보다 우선하는 이야기 등 당시의 생활을 사실적으로 그려 조선 후기를 이해하는 데 큰 도움이 됩니다.

환곡
조선 시대에 곡식을 저장하였다가 봄에 백성들에게 꾸어 주고 가을에 이자를 붙여 거두던 일 또는 그 곡식을 이르는 말입니다.

대접한 것 등의 죄를 아뢰며 용서를 빕니다. 막동이는 주인 양반에게 큰돈을 내놓죠. 억울해도 막동이처럼 진실로 자신의 죄를 뉘우쳐야 합니다.

김딴지 변호사 　 판사님, 『청구야담』은 소설이 아닙니까? 소설 속 이야기와 원고의 사건을 결부시키는 것은 적절하지 못합니다. 물론 막동이 같은 인물이 없는 것은 아니지만 원고는 그런 인물이 아닙니다. 주인집에서 도망가다니요. 아닙니다. 자신의 진짜 신분을 되찾았던 것뿐입니다.

　피고도 정신 차려야 합니다. 세월이 변했습니다. 이대로 변호사가 지난번에 말씀하신 연암 박지원의 『양반전』에 나오는 정선 양반을 살펴보겠습니다. 정선 양반은 성격은 어질고 글 읽기 좋아했지만 경제적으로 무능했습니다. 정선 양반의 아내가 ▶"당신이 한평생 글 읽기를 좋아했지만, 관가의 환곡을 갚는 데 아무런 도움도 못 되는구려. 쯧쯧. 양반, 양반 하더니 한 푼어치도 못 되는구려"라고 한 이야기를 상기해 주십시오.

판사 　 기억납니다. 그때는 이대로 변호사가 그 책을 인용한 것 같은데요. 같은 책을 두 분이 다른 관점에서 보시니 재미있군요.

이대로 변호사 　 사람이 밥만 먹고 어떻게 살 수 있겠습니까? 글을 읽어야 제대로 된 사람이 될 수 있습니다. 정선 마을의 부자는 진짜 양반의 곤궁한 처지를 이용해 돈을 주고 양반의 신분을 사들인 자입니다. 그런 자가 어찌 진정한 양

교과서에는

▶ 조선 후기의 판소리나 탈놀이는 관리나 양반의 잘못된 점을 비판하는 서민들의 생각이 그대로 담겨 있어 서민들 사이에서 큰 인기를 끌었습니다.

반이라 할 수 있습니까? 양반이 되려는 이유도 어이가 없습니다. 저도
『양반전』에 나오는 글을 하나 읽어 보겠습니다.

> 양반은 아무리 가난해도 언제나 높고 영광스럽건만, 우리들
> 은 아무리 부자가 되어도 언제나 낮고 천하거든. 감히 말을 탈
> 수도 없고, 양반만 보면 저절로 기가 죽어서 굽실거리며 엉금엉
> 금 기어가서 뜰 밑에서 절해야 하지. 코가 땅에 닿도록 무릎으
> 로 기다시피 하면서, 우리네는 늘 줄곧 이렇게 창피를 당해야 하
> 거든. 마침 저 양반이 가난해서 곡식을 갚지 못해 몹시 곤란해질
> 모양이야. 참으로 그 양반이라는 자리도 지닐 수 없는 형편이 되
> 었지. 내가 그것을 사서 가져야겠어.

단지 창피를 당한다는 이유로 양반을 사들이다니 양반이라는 신
분이 무슨 물건입니까? 돈 주고 사게.

김딴지 변호사　　판사님, 다시 말하지만 소설 속 정선 양반은 원고와
사정이 다릅니다. 그건 연암 박지원 선생의 소설일 뿐입니다. 소설
속의 이야기를 가지고 어떻게 사실처럼 이야기합니까? 근거를 대려
면 정확한 사실을 말해야 합니다.

판사　　소설도 현실을 반영하긴 합니다만 어쨌든 피고 측에서는 모든
사람이 납득할 수 있게 역사적 사실에 근거하여 반론해 주겠습니까?

이대로 변호사　　알겠습니다. 모두 다산 정약용 선생을 아실 겁니다.
그분의 대단한 업적인『목민심서』를 보면 원고처럼 족보를 위조하

는 많은 사람들을 지적한 글이 있습니다. 사람들이 족보를 위조한 이유 중 가장 큰 일은 군역 때문이라고 적혀 있습니다. 다산 정약용 선생님은 사람들이 "양반들의 족보를 훔쳐서 그 후손이 없는 파를 택하여 혈연이 닿지 않는 씨족에 접속시킴으로써 아버지와 할아버지를 바꾸었다. 이는 돗자리를 비단에 이어 놓은 격이다"라며 강하게 비판했습니다.

판사   정약용 선생도 당시 족보 위조를 비판적으로 바라보았군요.

김딴지 변호사   그건 원고 억울해의 진실과는 다릅니다. 게다가 정약용 선생의 개인적인 의견일 뿐 모든 지식인이 양인과 노비에 대해 부정적으로 생각한 것은 아닙니다. 오히려 성호 이익 선생은 당시 노비 제도의 문제점을 정확하게 지적했습니다. 제가 성호 이익 선생의 저서 『성호사설』의 한 대목을 읽어 보겠습니다.

우리나라 노비의 법은 천하 고금에 없는 것이다. 한번 노비가 되면 백세토록 괴로움을 당한다. 이것도 오히려 상심할 만한 일인데, 더구나 반드시 어미의 신분을 따르게 하는 법에 있어서랴? 어미의 어미와 그 어미의 어미로 거슬러 올라가 멀리 10세, 100세에 이르면 어느 시대, 어떤 사람인 줄도 모르는데, 까마득하게 멀리 핏줄이 이어진 외손으로 하여금 하늘과 땅이 다하도록 한량없는 고뇌를 받으며 벗어날 수가 없게 된다.

성호 선생은 이렇게 노비 제도의 불합리성을 지적했습니다. 또한 노비를 안타깝게 여겨 이런 말씀도 하셨습니다.

옛사람이 노비에 대해 논하기를 탁자를 놓을 때는 높은 곳에 다 두고, 물을 따를 때는 가득 채우고, 물건은 사람이 다니는 길목에다 놓는다. 탁자가 높은 데 있으면 떨어지고, 물이 가득 차면 넘치고, 물건이 길목에 있으면 부서지게 마련이니 이는 다 남의 물건이기 때문이다. 또 노비들이 누룽지를 씹는 것은 항상 굶어서 허기지기 때문이다. 빨리 잠을 자는 것은 매우 고단하기 때문이고, 옷을 뒤집어 입는 것은 용모를 매만질 여유가 없기 때문이다. 이런 점을 미루어 살펴보면 가련하지 않은 것이 없다.

이를 보면 성호 선생의 사회적 약자에 대한 기본적인 연민을 느낄 수가 있습니다. 조선 시대의 양반이라 할지라도 생명에 대한 기본적인 존중심을 가진 지식인은 노비 제도를 얼마나 부조리하게 생각했는지를 알 수 있지요.

이대로 변호사　　이의 있습니다. 본 소송 건은 노비 제도의 시시비비를 가리는 자리가 아닙니다. 원고 측 변호인은 엉뚱하게 노비 제도의 문제점을 들고 나와 여기 계신 방청객의 동정심을 유발하려고 합니다. 본론으로 돌아와서 원고와 피고의 관계에서 사실만을 따져봐야 합니다. 원고 억울해가 아무리 족보를 증거물로 제출한들 나양반의 호적에 올라 있는 한 억울해는 나양반의 노비입니다.

판사   사실입니까?

이대로 변호사   네. 여기 증거물로 나양반의 호적을 제출하고자 합니다.

판사   제출한 호적이 나라에서 발급한 것이 맞습니까?

이대로 변호사   맞습니다. 조선 전기에는 약 40퍼센트 정도의 사람들이 성이 없었습니다. 사실 일제 강점기까지 성을 가지지 못한 사람도 있었습니다. 호적법이 새로 만들어지고, 이에 편입되면서 공문서를 작성하던 공무원 마음대로 성씨가 정해졌던 것입니다. 성이 없던 사람이 갑자기 김씨, 이씨라는 성을 가지게 되었습니다. 조선 시대 호적에서 성씨를 갖는 호는 17세기 말경 50퍼센트에서 19세기 전반에는 99퍼센트에 이릅니다. 대체 뭐가 정상인지 알 수 없을 정도였습니다. 여기 계신 원고 억울해는 자신의 성을 사랑 억씨라고 합니다. 이 성씨를 언제 들어 본 적이 있습니까?

김딴지 변호사   남의 자랑스런 성씨를 비하하는 발언은 삼가 주세요.

판사   인정합니다. 상대를 비하하는 발언을 삼가 주시기 바랍니다.

이대로 변호사   비하하려고 한 것은 아니지만 그렇게 느꼈다면 사과드립니다. 그러나 여기 계신 여러분들이 아셔야 할 것이 있습니다. 조선 시대 호적이 오늘날의 호적처럼 출생과 동시에 등재되는 문서가 아니라는 점입니다. 조선 시대 호적은 오늘날의 호적이 아니라 주민 등록에 가까운 문서입니다. 조선 시대 호적에는 호주뿐만 아니라 아내의 4대 조상도 기재했습니다. 또한 노비 신상도 개인마다 일일이 기재했습니다. 솔거노비는 이름과 나이, 출생 간지(干支)

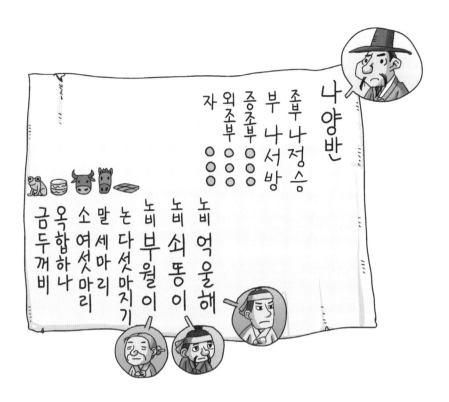

를 기재하고 4조를 다 채우지는 않더라도 부모의 이름과 함께 부모의 신분을 기재했습니다. 따라서 나양반의 호적에는 억울해의 출생과 도망까지도 기록되어 있습니다.

판사   호적상에는 억울해의 출생과 도망이 언제로 적혀 있습니까?

이대로 변호사   나양반의 호적에는 억울해가 1720년(숙종 46) 태어나 1750년(영조 26) 서른 살이 되던 해 도망간 것으로 나와 있습니다. 이렇게 명백한 증거가 있는데도 원고 억울해는 자신이 노비가 아니라고 합니다.

판사   원고 측은 이에 대해 반론하겠습니까?

『**조선왕조실록**』
조선의 태조부터 순종까지 27대 519년간(1392~1910)의 역사적 사실을 연월일에 따라 기록한 역사서입니다.

김딴지 변호사 네. 새로운 증거가 있습니다. 억울해가 나양반에게 돈을 주고 받은 증서입니다. 억울해가 마흔 살이 되던 해 나양반에게 돈 3,000냥을 주고 양인이 되었다는 증서입니다.

판사 피고는 원고 측 주장대로 억울해에게 돈을 받고 노비 해방 증서를 써준 적이 있습니까?

나양반 아, 예. 그렇긴 하지만…… 당시 우리 집 형편이 너무 안 좋아서…….

판사 양반이 자신의 노비를 돈을 받고 양인으로 만들어 주는 게 합법적인 일이었습니까?

김딴지 변호사 노비 문제에 관한 기록은 『**조선왕조실록**』에서도 상당히 많이 찾을 수 있습니다. 당시 국정을 운영했던 정조 임금을 증인으로 신청합니다.

위엄 있고 화통해 보이는 왕이 증인석으로 성큼성큼 걸어 나오자 사람들은 숨을 죽였다.

정조 백성들 가운데 나를 모르는 사람들이 있습니까? 나는 조선의 제22대 왕으로 영조의 손자이고, 사도 세자와 영의정 홍봉한의 딸 혜경궁 홍씨의 아들입니다. 나는 정치를 개혁하기 위해 탕평책을 실시했으며 백성을 매우 사랑했습니다.

김딴지 변호사 정조 임금께서 집권하신 시기에는 많은 사회 변화가 일어났습니다. 특히 노비 문제로 어려움이 많았다고 들었습니다. 당시 노비들은 주인을 떠나 살 수 있는 형편이었습니까?

정조　　노비들은 도망가서 독립적으로 생활할 수 있었습니다. 다른 사람의 토지를 빌려서 경작하거나 도시로 가서 상업에 종사하여 부를 축적할 수 있었죠. 물론 수공업에 종사하여 자립할 수 있는 길도 있었습니다. 이 모든 게 내가 워낙 나라를 잘 다스려 모든 백성이 먹고사는 문제에서 자유로워질 수 있었기 때문입니다.

판사　　지금은 본인 홍보 시간이 아닙니다. 조선의 가장 기초 질서인 신분제가 흔들리고 있었다는 말인데 정치를 잘했다고 주장하시는 겁니까?

정조　　사람이 사람답게 살 수 있는 세상을 만드는 것이 왕의 역할 아닙니까?

김딴지 변호사　　역시 뛰어난 임금입니다. 공노비·사노비의 도망이 점점 심각해지자 결국 증인께서는 정책을 달리할 수밖에 없었을 텐데 어떤 조치를 취했는지 궁금합니다.

정조　　나름대로 참 힘들었습니다. 정치적인 굴곡을 많이 겪어 봐서 그런지 노비들의 입장도 어느 정도 헤아릴 수 있었습니다. 내가 처음 즉위하던 해에 특별히 도망 노비를 찾아 주인에게 돌려주는 일을 하던 추쇄관을 혁파시켰습니다. 노비도 최소한 사람답게 살 수 있어야 한다는 생각에 고민 끝에 취한 조치였지요.

김딴지 변호사　　노비의 도망이 점점 심해지니 노비에 대한 정책을 변경할 수밖에 없었군요. 잘 생각해 보면 도망 노비가 증가하는 것은

역노비
역참에서 부리던 노비를 말합니다.

교노비
향교에서 부리던 노비를 말합니다.

관노비
지방 관청에 소속된 노비를 말합니다.

결국 양인의 문제와 직결되는 것 같습니다. 이에 증인께서는 어떤 노비 관련 정책을 펼쳤는지요?

정조   국가 경제가 어려워 고민이 많았습니다. 국고는 텅텅 비어 가고, 전국에서 세금은 잘 거두어지지 않았습니다. 해결책은 양인의 숫자를 늘리는 것이었습니다. 결국 나는 고독한 결정을 내려야 했습니다.

우선 1784년(정조 8) 10월 23일에는 당시 가장 문제가 되었던 시노비(寺奴婢)의 폐단을 시정할 것을 명했습니다. 조선 시대의 노비는 공노비와 사노비로 구분되는데, 공노비에는 내노비·시노비·역(驛)노비·교(校)노비·관(官)노비 등이 있었습니다. 내노비는 왕실 소속의 노비이며, 시노비는 중앙 관청 소속의 노비이죠. 내노비와 시노비가 공노비의 대부분을 구성하고 있었기 때문에 공노비라 하면 곧 내시노비를 말하는 것이었습니다. 이들 내시노비는 관청이나 각 궁방에 소속되어 부림을 당하거나 신공을 내야 합니다. 그런데 이 시기가 되자 양인들이 부역을 치르는 대신 신공을 납부했는데, 이런 현상과 함께 노비도 노역을 행하는 대신 공물을 바치는 것으로 전환되어 갔습니다. 그러다가 내시노비들의 도망이 늘어나자 정부에서는 이들을 양인으로 풀어 주고 군역을 확보하는 것이 국가 재정에 더 유리하다고 여겨 1801년(순조 1) 1월 28일 내시노비를 없앴습니다.

김딴지 변호사   증인의 노력 덕분으로 공노비의 해방이 이루어졌군요. 그러면 사노비는 언제 신분제에서 벗어나게 되었습니까?

정조 　내가 집권하던 시기보다 100년쯤 뒤인 1894년 갑오개혁 때
노비 제도가 없어졌다고 알고 있습니다. 다 내가 발판을 잘 닦아 놓
은 덕분이죠. 사회 제도에 큰 개혁을 일으키려면 적어도 100년 정도
의 노력이 필요합니다. 여기 계신 판사님, 변호사님, 방청객 모두에
게 한 말씀드리겠습니다. 어떤 사람들은 100년을 앞서 가고, 어떤 사
람들은 100년을 후퇴해서 살아가는 경우가 있습니다. 이 차이는 모
두 역사에 대한 안목에서 비롯됩니다. 미래를 보는 눈을 키우려면
바로 과거를 알아야 합니다.

　　감사합니다. 역시 임금의 말씀이라 그런지 깊은 통찰력이 담겨 있네요. 수고 많으셨습니다. 그만 내려가셔도 좋습니다.

　그동안 원고는 사회 제도의 불합리함이나 사회 현상의 변화, 족보 등을 주장의 근거로 내세웠으나 원고 측 주장과는 다르게 피고 측 호적에 원고인 억울해의 자세한 내력이 나와 있는 것을 확인했습니다. 또한 사회 변화에 따라 원고가 피고에게 돈을 주고 양인 증서를 받아냈다는 것도 알았습니다. 이 모든 부분은 최종 판결에 반영될 것입니다. 이제 잠시 휴정한 후에 원고와 피고 두 사람의 최후 증언을 듣는 것으로 오늘 재판을 마치겠습니다.

　땅, 땅, 땅!

가문의 역사책, 족보

　조선 초기에는 몇몇 사대부 집안에서 사적으로 족보가 간행되기 시작했으나 17세기 이후에는 본격적으로 만들어지기 시작했습니다.

　족보를 편찬한 목적은 집안의 단결을 공고히 하고 내부 질서를 통제하기 위해서였습니다. 족보에는 시조에서부터 세대 순으로 이름과 자·호, 관직, 저술과 문집, 특기할 만한 업적, 출생과 사망 연월일, 묘지의 위치 등 개인의 모든 경력과 이력을 기재했습니다. 또한 후손이 있는지 없는지, 양자를 들인 것인지 아들을 양자로 보낸 것인지, 또는 적자와 서자, 아들과 사위를 구별하여 기록했습니다.

　족보는 철저한 남자 중심의 기록물로 여자의 이름은 족보에 오를 수 없었습니다. 따라서 딸은 사위의 이름으로 올려지고, 부인의 경우에는 친정의 본관 성씨와 부인의 아버지 이름 및 가문의 이름난 조상이 기록될 뿐이었습니다.

　족보는 50~60년 또는 100여 년 간격으로 새롭게 편찬되었습니다. 초기에는 자료를 충실히 수집하고 확인하여 간행하였으나 점차 고증도 없이 조상을 극단적으로 미화하거나 조상의 벼슬을 지나치게 과장하거나 조작하는 경우가 증가했습니다.

다알지 기자

　　방금 억울해와 나양반의 재판이 모두 끝났다는 소식이 들어왔습니다. 오늘 재판에서는 억울해 집안의 족보인 '사랑 억씨 족보'의 진위 여부를 두고 치열한 공방전이 벌어졌습니다. 이를 증명하기 위해 원고 측에서는 족보 외에 피고에게 돈을 지불하고 받은 노비 해방 증서를 내놓았고, 피고 측에서는 피고 집안의 족보를 증거로 내놓았습니다. 특히 노비들이 왜 족보를 가지려 하는지에 대해 흥미진진한 논쟁이 오갔습니다. 그러면 오늘은 양측 증인으로 나오신 연암 박지원 선생과 퇴계 이황 선생을 모시고 이야기를 나눠 보겠습니다. 이번 재판의 증인으로 서신 기분이 어떠셨습니까?

박지원

　나는 억울해의 도전 정신에 대해 찬사를
보내고 싶습니다. 조선 초기에는 양반들이 훌
륭한 관료가 되어 조선을 이끌어 왔지만 시대가 달
라지고 있었습니다. 양반이 신분에 집착하지 않고 큰 용기를 내어 자
신의 능력껏 장사, 아니 사업을 했으면 조선은 훨씬 부강해졌을 것입
니다. 세상에 조선만 있는 것은 아닙니다. 저 멀리 청나라도 있고, 왜나
라도 있습니다. 그들은 부국강병을 위해 상공업 활동에 관심이 많았습
니다. 그런데 상업을 천시하는 조선은 조그만 위기에도 경제가 휘청할
지경이었습니다. 직업에 귀천이 어디 있습니까? 자기가 잘하는 일을
할 수 있어야 합니다. 개인이든 나라든 현실에 안주하지 않고 새로운
삶에 도전할 수 있어야 도약할 수 있습니다.

이황

　나는 사람들의 생각이 달라져야 한다고 생각합
니다. 세상이 돈으로만 움직이는 것 같지만 절대 그
렇지 않습니다. 스스로 날마다 공부하고, 수양을 해야
합니다. 억울해의 사정을 들어 보면 한편으로 이해가 갑니다. 그러나
억울해는 스스로가 양반으로 살아갈 만한 역량을 갖추었는지를 생각
해야 합니다. 양반은 사회 리더입니다. 사회 리더는 뼈아픈 자기 절제
를 해야 합니다. 자기 절제를 통한 자기반성이 이루어져야 양반이 될
수 있습니다.

　왜 조선 시대에는 양반과 노비가 있었을까?

노비도 역사의 주인공이다!
vs
아무나 양반인가, 자격을 갖추어라!

판사　자, 마지막으로 당사자들의 최후 진술을 들어 볼까요? 배심원단은 물론이고 제가 작성하게 될 판결문에 있어 마지막으로 영향을 미치게 될 발언이니 양 당사자는 주의해서 발언해 주세요. 그럼 먼저 원고 측부터 변론하세요.

억울해　나는 한평생 성실하게 살아왔으며 내 힘으로 신분의 제약에서 벗어났습니다. 그런데 조상으로부터 부와 권력을 대물림받고서도 허세만 부리다 이를 지키지 못해 돈을 받고 나를 풀어 준 나양반은 이제 와서 말을 바꿔 나를 모함하고 있습니다. 이번 재판을 통해 나는 집안 역사를 기록으로 제대로 남기지 못한 나와 내 후손들의 책임을 크게 느끼게 되었습니다. 노비의 험난하고 지난한 삶에 대해 제대로 알리려고 해도 증거물로 내놓을 자료가 부족한 탓이었습니다. 노비들은 개인의 능력은 무시되고 오로지 노비라는 신분 탓에 사람으로 대접받지 못하고, 과거에도 응시하지 못하는 비참한 삶을 살아야 했습니다. 사람은 글을 읽을 줄 알아야 합니다. 자신의 목소리로 자신이 살아온 발자취를 이야기할 수 있어야 하고, 기록할 수 있어야 합니다. 그랬다면 후대 사람들이 노비가 어떻게 살아왔는지, 왜 그렇게 살 수 밖에 없었는지를 좀 더 쉽게 이해했겠지요.

내가 밝히고자 한 것은 무엇보다도 양반들은 자신들의 입장만 생각하고 다른 신분 계층 사람들의 입장을 이해하려 하지 않았다는 점이었습니다. 피고는 조선의 경제 활동을 책임졌던 나를 배은망덕한 도망자, 신분이나 위조하는 위조범으로 몰아세우는 데 급급하여 역사 속에서 품행이 나쁜 비천한 자나 범죄자로 만들어 버렸습니다. 더구나 양반들은 생산 활동에 적극적으로 참여하지 않았습니다. 국가 경쟁력을 위해서는 군사력도 필요하고, 경제력도 필요합니다. 그런데 양반은 국가를 위하기는커녕 본인의 이익과 안녕을 위해 백성의 피와 땀을 착취하면서도 급변하는 현실은 외면했습니다.

존경하는 판사님. 부디 지금이라도 노비들도 역사의 주체로 살 수 있는 기회를 주시기 바랍니다. 또한 나양반과 그의 후손들에게 이 재판을 계기로 반성할 수 있는 기회를 주시기 바랍니다.

판사 잘 들었습니다. 그러면 다음으로 피고 측 변론하세요.

나양반 우선 이 자리에 노비인 억울해와 나란히 서게 되었다는 것 자체를 부끄럽게 생각합니다. 양반으로 집안 단속을 제대로 하지 못해 법정에 서고, 그것이 여러 사람들에게 알려지게 된 점 송구

합니다.

조상을 섬기고, 손님 접대를 하는 것이 양반의 고유한 생활 방식입니다. 양반은 그냥 책만 손에 들고 무위도식하는 사람이 아닙니다. 노비들은 노동이 곧 생산이라고 주장하는데 양반에게 지적 노동, 즉 학문을 쌓는다는 것은 의무이자 사명이었습니다. 양반은 수많은 글을 읽으면서 축적한 풍부한 지식과 슬기로움를 바탕으로 나라를 유지, 발전시키고자 노력했습니다. 양반은 아무리 재주와 학식이 뛰어나다고 해도 바로 관직으로 나아가지 않았습니다. 철저한 자기 절제를 바탕으로 한 자기반성이 이루어진 다음에야 출사했습니다. 명예를 얻은 다음에도 국가를 위해 봉사하는 삶을 살았습니다. 이것이 바로 유교에서 중요하게 여기는 가르침인 수신제가치국평천하, 즉 심신을 닦고 집안을 바로 세우고 나라를 다스리고 천하를 태평하게 하는 일을 실천하려고 노력했기 때문입니다.

사람들이 양반 때문에 조선이 망했다고 말하지만 그렇지 않습니다. 자신의 직분에 맞추어 살아온 것이 죄가 될 수 있습니까? 조선 백성 누구도 예상하지 못했던 임진왜란을 겪고 난 이후 많은 노비들이 도망가기 시작했습니다. 노비들은 적극적으로 자신의 삶을 해결해 나가기 시작했습니다. 그들이 대부분 양반으로 변신한 결과 17세기 이후 80퍼센트가량이 양반이 되었습니다.

문제는 이것입니다. 원래 양반들은 자신만 생각하는 사람이 아닙니다. 준비되지 않은 양반이 급격히 늘어나면서 사회 문제가 된 것입니다. 역사의 수제는 우리 자신입니다. 신분의 차이를 벗어나서 모두가 자신의 일을 열심히 하면서 행복하게 사는 사회가 되어야 합니다.

역사는 자신의 기록을 남기는 사람들의 이야기입니다. 만약 조선 시대 많은 양반들이 기록을 남기지 않았다면 여러분은 조선에 대해 잘 알지 못했을 것입니다. 2,000년 역사에서 500년을 차지했던 조선이 가진 장점을 배워야 합니다. 조선은 철저한 기록을 통해 잘한 것은 칭찬하고, 못한 것은 반성하는 수준 높은 사회였습니다. 그 사회를 이끌었던 사람들이 양반입니다. 백성과 노비의 삶을 재조명하더라도 정치, 사회, 문화를 이끌어 온 양반이 역사의 주역이었음을 잊지 말고 우리의 노고를 과소평가하지 말기 바랍니다. 이상입니다.

판사　　여기까지 달려오시느라 원고 측, 피고 측, 그리고 배심원단 여러분 모두 수고 많으셨습니다. 저는 배심원의 판결 결과를 참고하여 4주 이후에 판결문을 공개하겠습니다. 그때까지 방청객 분들도 이 사건에 대해 바른 판결을 내려 보시길 바랍니다.

　　땅, 땅, 땅!

역사공화국 한국사법정 재판 번호 40 억울해 vs 나양반

주문

역사공화국 한국사법정은 억울해가 나양반을 상대로 제기한 명예 훼손죄에 대한 정신적 손해 배상 청구를 인정한다. 그러나 사기죄에 대해서는 기각한다.

판결 이유

이 재판의 원고 억울해는 그동안 조선의 일부 신분 계층에 대해서는 역사 왜곡이 많았다고 주장했다. 또한 양반에 대해 지나치게 미화하는 부분이 있어, 억울해와 같은 천인들은 항상 부정적 이미지로만 그려지므로 역사의 진실을 규명하고 명예를 회복하기 위해 소송을 제기하였다. 반면 피고 나양반은 끊임없이 공부하고, 기록을 통한 찬란한 문화유산을 남긴 것이 양반의 위대한 업적이며, 양반이 없었다면 아름다운 조선도 없을 것이라며 이에 반박한다.

본 법정은 공방을 통해 조선 후기 사회 변화를 이해할 수 있었고, 조선이 가진 장점과 문제점 등을 알게 되었다. 조선 후기 큰 전쟁과 자연재해가 자주 발생한 상황에서도 사람들은 최선을 다해 자신의 삶을 지켜 나가려고 한 점이 인정된다.

본 재판에서의 증거와 증언, 변론 등을 종합하여 볼 때, 억울해가 공식적으로 노비에서 벗어나 양반이 되었다는 것을 밝히기는 어려웠다. 그러나 노비가 한 나라의 백성으로 최선을 다한 삶을 살았다는 것을 확인할 수 있었고, 양반들의 기록을 통해 노비 생활을 접할 수밖에 없었기 때문에 노비에 대한 이미지가 왜곡되었다는 사실을 확인하였다. 따라서 나양반이 억울해에게 '은혜도 모르는 배은망덕한 천인'이나 '글도 모르는 바보'라는 오명을 씌우고, 후세에는 책이나 드라마 등의 각종 이야기들을 통해 비난한 것이 원고의 명예를 실추시켰다고 판단하는 바이다.

사기죄에 대해서는 신분제 사회였던 조선에서 사회 지도층으로서의 나양반의 역할을 무시할 수 없다고 결정했다. 나양반은 평생 공부하면서 자신의 집안을 위해, 향촌 사회를 위해, 나라를 위해 고민했다고 주장했다. 본 법정 역시 이를 분명히 인지하고 있고, 인정하는 바이다.

본 재판부는 피고에게 죄를 묻기 위함이 아니라 원고 억울해의 억울함을 풀어 주고, 명예를 회복시켜 주고자 했다. 그러므로 이 재판을 계기로 원고 억울해를 일방적으로 비난만 할 것이 아니라, 조선 역사 속에서 가려진 노비의 역사를 기억하고, 나양반의 입장에서뿐만 아니라 원고의 입장에서도 역사를 바라볼 수 있는 기회가 되길 바라며 어려웠던 본 재판의 판결을 마무리한다.

역사공화국 한국사법정 담당 판사 정역사

"현실을 이해하는 창,
역사를 배우자!"

　　힘겨운 재판을 마치고 돌아온 김딴지 변호사는 한동안 사무실에서 두문분출했다. 역사에 대한 이해가 부족해서 억울해를 제대로 변호하지 못했다고 생각했기 때문이었다. 이번 억울해 사건을 맡으면서 사회 전체를 이해하는 눈이 필요하다고 느낀 김딴지 변호사는 역사 공부에 더욱 매진하기로 결심했다.

　　오늘도 늦은 저녁이 되도록 역사책을 읽느라 시간 가는 줄 모르던 김딴지 변호사에게 손님이 찾아왔다. 우리 역사에 대한 지식을 심도 있게 익힐 때까지 한동안 의뢰를 받지 않기로 한 김딴지 변호사는 소송 의뢰를 거절하려고 손님을 쳐다보았다가 깜짝 놀라고 말았다. 찾아온 사람이 바로 억울해였던 것이다.

　　"오랜만입니다. 잘 지내셨습니까? 그런데 여기까진 어쩐 일이십니까?"

"제 명예를 지켜 주셔서 이제는 당당히 얼굴을 들고 다닐 수 있게 되었습니다. 사실은 저와 같은 처지의 사람들이 저번 소송을 유심히 지켜보았다고 합니다. 변호사님이 저를 의뢰인으로만 생각하지 않고, 한 사람의 인격체로 대해서 변호사님이라면 신뢰할 수 있다고 생각한 것 같습니다. 더구나 최근에 변호사님이 역사 공부를 열심히 한다는 이야기도 전해 들었습니다."

김딴지 변호사는 어리둥절했다. 억울해가 무슨 이유로 찾아왔는지 아직도 잘 이해가 가지 않았다. 그는 김딴지 변호사의 마음을 아는지 모르는지 말을 계속 이었다.

"지금 저에게 노비 소송을 문의한 사람이 50명이나 됩니다. 변호사님의 열정을 믿고 저와 같은 입장에 있는 사람들이 김딴지 변호사에게 집단 소송 건을 맡기기로 결정했습니다."

"뭐라고요? 저 보고 '나는 노비가 아니다' 집단 소송 건을 맡아 달라고요?"

김딴지 변호사는 크게 놀랐다. 한꺼번에 똑같은 문제로 집단 소송이 발생한 것이다. 게다가 사회적인 이슈가 되는 주제이므로 자신에게도 큰 도전과 기회가 될 것이었다. 김딴지 변호사는 약간 흥분하여 억울해를 바라보았다.

"네, 그렇습니다. 저번 소송에서 제 명예가 회복되었다고 하나 노비도 역사의 주축이라는 사실은 사회적 공감대를 불러일으키지 못했습니다. 세상의 이목을 끄는 차원에서가 아니라 이번 집단 소송을

통해 노비들의 뿌리 깊은 억울함을 풀고자 합니다. 노비가 양반으로
부터 받은 모욕과 학대, 협박, 폭행 등에 대해 손해 배상을 청구하려
합니다. 김딴지 변호사께서 아직도 양반, 양반 하는 사람들에게 인
간의 권리와 의무에 대해서 정확하게 이해시키고, 역사의 진실을 바
로잡는 일을 해 주세요."

신분제가 없어진 지 벌써 100년이 지났지만 요즘에도 학력과 재
력 등을 기준으로 하여 보이지 않는 계급이 존재한다. 이런 사회에

서 사람들의 입에서 아직도 양반이니, 노비니 하는 말이 나오는 것은 심각한 문제이다. 김딴지 변호사는 힘든 과정이 기다릴 거라고 예감했으나 이제는 사회적 약자가 합당한 평가를 받을 수 있어야 한다고 생각했다.

"네, 알겠습니다. 그럼 제가 이 사건을 맡겠습니다. 역사의 진실을 밝히고, 역사를 바로잡는 일을 제대로 해 보겠습니다. 지난번 소송처럼 공부가 부족해서 상대방 변호사에게 면박당하는 일 없이 정말 실력을 갖춘 사람이 되도록 하겠습니다."

"잘 결심하셨습니다. 그럼 법정에서 뵙겠습니다. 변호사님의 멋진 활약을 기대하겠습니다."

『양반전』 속 양반과 노비의 삶을
볼 수 있는 정선 아라리촌

강원도에 있는 '정선 아라리촌'은 '아리랑 아리랑 아라리요' 하는 민요 〈정선 아리랑〉의 한 구절에서 따서 지어진 이름입니다. 그런데 이곳에 가면 조선 시대에 양반과 노비가 어떻게 살았는지 간접적으로나마 느껴 볼 수 있습니다. 왜냐하면 이곳은 『양반전』이라는 소설을 테마로 해 동상과 건물을 만든 곳이기 때문이지요. 『양반전』은 연암 박지원의 소설인데, 강원도 정선 고을을 배경으로 하고 있습니다. 『양반전』의 줄거리를 요약해 보면 다음과 같지요.

강원도 정선에 살고 있는 한 양반은 학식이 높고 독서를 좋아하는 사람이었으나 너무 가난하여 빚이 많았습니다. 그래서 건넛마을의 한 부자가 빚을 갚아주는 대신 양반 신분을 사기로 했지요. 이런 사실을 알게 된 군수는 부자를 불러 사람들이 보는 앞에서 양반으로서 지켜야 할 일들을 말하며 기록하게 합니다. 그리고 양반의 특권 및 횡포에 대해서도 알려 주지요. 부자는 도둑이나 다름없는 양반은 안 하겠다며 뒤도 돌아보지 않고 도망을 칩니다.

2004년 10월, 문을 연 정선 아라리촌은 정선의 옛 주거 문화를 재현하는 민속촌으로 다양한 동상이 있어 조선 시대 신분에 따라 다른 생활을 해야 했던 사람들의 모습을 살펴볼 수 있습니다. 그리고 소나무를 쪼갠 널판으로 지붕을 얹은 너와집을 비롯해 굴피집, 돌집, 귀틀집 등 정선 지방 고유의 전통 민가를 관람할 수 있지요.

이외에도 물레방아, 방앗간, 고인돌, 장승 등이 만들어져 있어 다양한 볼거리를 만날 수 있으며, 숙박 체험을 할 수도 있습니다.

찾아가기 **주소** 강원도 정선군 정선읍 애산로 37
이용 시간 09:00~18:00

아라리촌 입구

신분의 차이를 느낄 수 있는 동상

『역사공화국 한국사법정 40 왜 조선 시대에는 양반과 노비가 있었을까?』와 관련한 논술 문제를 풀어 봅시다.

※ 다음 제시문을 읽고 물음에 답하시오.

(가)

김홍도, 〈타작〉

(나)

김홍도, 〈기와이기〉

1. (가)와 (나)의 그림을 보고, 그림에서 알 수 있는 등장인물들의 신분에 대해 쓰시오.

※ 다음 제시문을 읽고 물음에 답하시오.

(가) 양반들은 세수할 때 주먹을 비벼서 때를 밀지 말고 입 안을 씻어
    내되 지나치게 하지 말고, 소리를 길게 하여 여종을 부릅니다. 양
    반들은 밥 먹을 때 상투 바람으로 먹지 말고, 음식을 국부터 먹지
    말고, 국을 마시되 훌쩍훌쩍 소리 내서 먹지 말아야 합니다.

                                    ─ 박지원의 『양반전』 중

(나) 본주인 및 다른 주인에게 무례하고 불손한 노비는 50대의 몽둥
    이 매질에 처한다. 떼 지어 술 마시고 행패 부리는 자와 강둑의
    나무를 베는 자, 밭 위로 모래를 흘려보내는 자는 몽둥이 50대
    이다.

                                    ─ '노비 동령' 중

2. (가)와 (나)를 읽고 양반과 노비의 고충에 대해 각각 서술하시오.

해답 1 (가)와 (나)는 모두 김홍도의 작품으로, (가)는 〈타작〉이고, (나)는 〈기와이기〉입니다. (가)는 가을 추수를 끝내고 타작을 하고 있는 모습을 담은 그림인데, 벼를 나르고, 털고, 쓸고 있는 사람들과 달리 오른쪽 위에는 곰방대를 물고 비스듬히 누워 있는 사람이 있습니다. 일을 하고 있는 인물들과 달리 무료해 보이면서도 편안해 보이는 이 인물의 신분은 일을 하고 있는 사람들보다 높을 것이 틀림없습니다.

(나)는 건물의 기와를 올리는 모습을 담은 그림으로, 웃통을 벗어 던지고 열심히 일을 하고 있는 사람들과 달리 그림 오른쪽에 있는 지팡이를 짚은 사람의 신분이 높아 보입니다. 머리에 쓴 관과 기와를 올리는 것을 관찰하는 모습을 보면 양반으로 짐작이 됩니다.

해답 2 (가)는 양반이 지켜야 할 일이 얼마나 많은지 알 수 있는 내용으로 연암 박지원의 『양반전』에 적힌 내용의 일부분이고, (나)는 노비를 통제하는 규약인 '노비 동령'에 적힌 내용으로 노비란 무조건 몽둥이로 때려서 다스려야 한다는 양반의 생각을 알 수 있는 부분입니다. 양반은 다른 사람의 시선에서 자유로울 수 없었으며, 노비는 자신의 몸과 마음을 자신의 뜻대로 하기에는 많은 제약과 벌이 따르는 고충이 있었습니다.

*해답은 예시로 제시된 내용입니다.

왜 조선 시대에는 양반과 노비가 있었을까?

ㄱ

『경국대전』 41, 89

갑오개혁 12, 133

공노비 35, 52, 130

공로면천 61

공명첩 56

군공면천 61

군역 62, 102, 118, 126

ㄴ

납속면천 61, 54

노비 동령 50

노비세전법 35

노비종모법 56

노역 132

ㄷ

대구속신 61

ㅁ

『목민심서』 126

ㅂ

부역 132

ㅅ

사노비 35, 39, 52, 131

『성호사설』 126

솔거노비 35, 59, 82, 128

신공 35, 52, 62, 132

신역 35

ㅇ

『양반전』 48, 96, 124, 150

양인 5, 18, 22, 54, 62, 126

외거노비 35, 52

유기아수양법 54

이익(李瀷) 126

임진왜란 30,52, 142

ㅈ

정약용 125

『조선왕조실록』 4, 130

ㅊ

추노 39

『청구야담』 122

추쇄관 60, 131

ㅌ

『퇴계 향약 약문』 46

ㅎ

향안 43

향약 43

호적 41, 127

왜 조선 시대에는 양반과 노비가 있었을까?

역사공화국 한국사법정 40

왜 조선 시대에는 양반과 노비가 있었을까?

ⓒ 손경희, 2011

초 판 1쇄 발행일 2011년 8월 16일
개정판 1쇄 발행일 2014년 11월 7일
      5쇄 발행일 2021년 6월 18일

지은이   손경희
그린이   이주한
펴낸이   정은영

펴낸곳   (주)자음과모음
출판등록   2001년 11월 28일 제2001-000259호
주소   04047 서울시 마포구 양화로6길 49
전화   편집부 (02) 324-2347 경영지원부 (02) 325-6047
팩스   편집부 (02) 324-2348 경영지원부 (02) 2648-1311
이메일   jamoteen@jamobook.com

ISBN 978-89-544-2340-3 (44910)

과학공화국 법정시리즈 (전 50권)

생활 속에서 배우는 기상천외한 수학·과학 교과서!
수학과 과학을 법정에 세워 '원리'를 밝혀낸다!

이 책은 과학공화국에서 일어나는 사건들과 사건을 다루는 법정 공판을 통해 청소년들에게 과학의 재미에 흠뻑 빠져들게 할 수 있는 기회를 제공한다. 우리 생활 속에서 일어날 만한 우스꽝스럽고도 호기심을 자극하는 사건들을 통하여 청소년들이 자연스럽게 과학의 원리를 깨달으면서 동시에 학습에 대한 흥미를 가질 수 있도록 구성하였다.

물리법정 1	물리의 기초	지구법정 1	지구과학의 기초
물리법정 2	물리와 생활	지구법정 2	천문
물리법정 3	빛과 전기	지구법정 3	날씨
물리법정 4	소리와 파동	지구법정 4	지표의 변화
물리법정 5	여러 가지 힘	지구법정 5	지질시대
물리법정 6	운동의 법칙	지구법정 6	남극과 북극
물리법정 7	일과 에너지	지구법정 7	화석과 공룡
물리법정 8	유체의 법칙	지구법정 8	별과 우주
물리법정 9	현대물리학과 양자론	지구법정 9	바다 이야기
물리법정 10	상대성 이론	지구법정 10	이상기후

화학법정 1	화학의 기초	수학법정 1	수학의 기초
화학법정 2	물질의 구성	수학법정 2	수와 연산
화학법정 3	물질의 성질	수학법정 3	도형
화학법정 4	화학반응	수학법정 4	비와 비율
화학법정 5	화학과 생활	수학법정 5	확률과 통계
화학법정 6	신기한 금속	수학법정 6	여러 가지 방정식
화학법정 7	여러가지 화합물	수학법정 7	여러가지 부등식
화학법정 8	물질의 변화	수학법정 8	여러가지 수열
화학법정 9	음식과 화학	수학법정 9	수학퍼즐
화학법정 10	우리 주변의 화학	수학법정 10	수학의 논리

생물법정 1	생물의 기초
생물법정 2	동물
생물법정 3	곤충
생물법정 4	인체
생물법정 5	식물
생물법정 6	자극과 반응
생물법정 7	유전과 진화
생물법정 8	신기한 생물
생물법정 9	해양생물
생물법정 10	미생물과 생명과학

철학자가 들려주는 철학 이야기 (전 100권)

아이들의 눈높이에 맞춘 철학 동화!
책 읽는 재미와 철학 공부를 자연스럽게 연결한 놀라운 구성!

대부분의 독자들이 어렵게 느끼는 철학을 동화 형식을 이용해 읽기 쉽게 접근한 책이다. 우리의 삶과 세상, 인간관계에 대해 어려서부터 진지하게 느끼고 고민할 수 있도록, 해당 철학 사조와 철학자들의 사상을 최대한 풀어 썼다.

이 시리즈의 가장 큰 장점은 내용과 형식의 조화로, 아이들이 흔히 겪을 수 있는 일상사를 철학 이론으로 해석하고 재미있는 이야기로 담은 것이다. 또한 아이들의 눈높이에 맞는 쉽고 명쾌한 해설인 '철학 돋보기'를 덧붙였으며, 각 권마다 줄거리나 철학자의 사상을 상징적으로 표현한 삽화로 읽는 재미를 더한다. 철학 동화를 이끌어가는 주인공을 형상화하고 내용의 포인트를 상징적으로 표현한 삽화는 아이들의 눈을 즐겁게 만들어준다. 무엇보다 이 시리즈는 철학이 우리 생활 한가운데 들어와 있고, 일상이 곧 철학이라는 사실을 잘 보여준다. 무엇보다 자기 자신을 극복한다는 것, 인간을 사랑한다는 것, 진정한 인간이 된다는 것, 현실과 자기 자신을 긍정한다는 것 등의 의미를 아이들의 시선에서 풀어내고 있다.

과학자가 들려주는 과학 이야기 (전 130권)

위대한 과학자들이 한국에 착륙했다!
어려운 이론이 쏙쏙 이해되는 신기한 과학수업,
〈과학자가 들려주는 과학 이야기〉 개정판과 신간 출시!

〈과학자가 들려주는 과학 이야기〉 시리즈는 어렵게만 느껴졌던 위대한 과학 이론을 최고의 과학자를 통해 쉽게 배울 수 있도록 했다. 또한 지적 호기심을 자극하는 흥미로운 실험과 이를 설명하는 이론들을 초등학교, 중학교 학생들의 눈높이에 맞춰 알기 쉽게 설명한 과학 이야기책이다.
특히 추가로 구성한 101~130권에는 청소년들이 좋아하는 동물 행동, 공룡, 식물, 인체 이야기와 최신 이론인 나노 기술, 뇌 과학 이야기 등을 넣어 교육 과정에서 배우고 있는 과학 분야뿐 아니라 최근의 과학 이론에 이르기까지 두루 배울 수 있도록 구성되어 있다.

★ 개정신판 이런 점이 달라졌다! ★

첫째, 기존의 책을 다시 한 번 재정리하여 독자들이 더 쉽게 이해할 수 있게 만들었다.
둘째, 각 수업마다 '만화로 본문 보기'를 두어 각 수업에서 배운 내용을 한 번 더 쉽게 정리하였다.
셋째, 꼭 알아야 할 어려운 용어는 '과학자의 비밀노트'에서 보충 설명하여 독자들의 이해를 도왔다.
넷째, '과학자 소개 · 과학 연대표 · 체크, 핵심과학 · 이슈, 현대 과학 · 찾아보기'로 구성된 부록을 제공하여 본문 주
제와 관련한 다양한 지식을 습득할 수 있도록 하였다.
다섯째, 너욱 세련된 디사인과 일러스트로 녹자들이 읽기 편하도록 만늘었다.